PAOLO GRECO • DIE FILMWERKE,
IHRE STRUKTUR
UND
IHRE STELLUNG IM URHEBERRECHT

Schriftenreihe der UFITA Heft 10
Archiv für Urheber-, Film-, Funk- und Theaterrecht
Herausgegeben von Dr. jur. Georg Roeber, München

Paolo Greco, Turin

DIE FILMWERKE IHRE STRUKTUR UND IHRE STELLUNG IM URHEBERRECHT

Eine rechtsvergleichende Studie

VERLAG FÜR ANGEWANDTE WISSENSCHAFTEN
BADEN-BADEN 1958

Druck: Bintz- und Dohany-Druck, Offenbach/Main.

Inhaltsverzeichnis

Vorwort

Wenn die Rechtsvergleichung dazu dient, den Weg zur Vereinheitlichung des Rechts zu ebnen, so gilt das besonders für das Filmrecht. Der Film ist zwar als letzter zur Familie der Geisteswerke gestoßen, hat aber wegen seiner leichten Verbreitungsmöglichkeit und des großen Interesses, das ihm die breiten Massen entgegenbringen, eine der ersten Stellen im Bereiche der internationalen Zusammenarbeit eingenommen. Das Filmrecht bedürfte daher mehr als die rechtliche Ordnung anderer Werke einer einheitlichen Regelung. Im Widerspruch dazu unterscheiden sich aber nun gerade auf dem Gebiete des Films die verschiedenen nationalen Rechte aufs stärkste, und zwar gerade in den wesentlichen Punkten, so in der Frage, ob alle oder nur einige Produkte der Filmtechnik als echte Werke anerkannt werden, oder in der Frage, wer von den vielen an der Entstehung eines Films mitarbeitenden Personen als Urheber anzusprechen ist. Noch die zwei jüngsten Gesetze, das französische und das englische, lösen die letztere Frage in diametral entgegengesetztem Sinne. Es ist nicht schwer einzusehen, zu welchen Schwierigkeiten solche unterschiedlichen Behandlungen gleicher Probleme im internationalen Verkehr führen, zumal wenn die Beteiligten nicht einmal wissen, welche Filme und zu wessen Gunsten sie im einzelnen Staat überhaupt Schutz genießen.

Schon um wenigstens in den Grundfragen Einigkeit zu erzielen, müssen große Hindernisse überwunden werden, die auf der verschiedenen Mentalität der Nationen, auf teilweise sehr fest bezogenen Standpunkten der Rechtslehre und auch auf der nicht zu übersehenden nationalen Eigenliebe beruhen. Erleichternd wirkt demgegenüber nur, daß das Filmrecht als ein junger Zweig der Rechtswissenschaft noch nicht so sehr an alte Sitten oder Überlieferungen gebunden ist wie andere Disziplinen, und daß vor allem die Mitglieder der Berner Union im Rahmen des sog. Mindestschutzes der Urheber schon eine gewisse Vereinheitlichung ihrer Rechtsordnung erreicht haben: allerdings nur eine relative Vereinheitlichung, abhängig vom Recht des Ursprungslands, die überdies beim Film mit dem Unsicherheitsfaktor belastet ist, daß hier gerade nicht feststeht, wer der Urheber und was das Werk ist.

Aber so einfach es ist, die Nützlichkeit der Rechtsvergleichung darzustellen und anzuerkennen, so schwer ist es, die Unterlagen für rechtsvergleichende Untersuchungen zu sammeln und zu verarbeiten. Ob und wie weit mir das gelungen ist, mögen die Leser der UFITA und ihrer Schriftenreihe, wo ich diese Zeilen dankenswerterweise veröffentlichen darf, selbst entscheiden. Im Hinblick auf die genannten Schwierigkeiten mögen mir manche Unvollständigkeiten nachgesehen werden. An dieser Stelle möchte ich einleitend nur einige Gedanken klären, von denen ich mich bei der folgenden Arbeit leiten ließ.

Zuerst zur Auswahl der verglichenen Rechtsordnungen: Aus Gründen des Raums und im Hinblick auf die praktische Verwertbarkeit habe ich die bedeutendsten Staaten Westeuropas ausgewählt, bei denen die günstigsten oder besser die am wenigsten ungünstigen Voraussetzungen für eine Angleichung der Rechtsordnungen vorliegen: Deutschland, Frankreich, England und Italien. Besonders berücksichtigt ist der deutsche Referentenentwurf von 1954. Wo es sich als angebracht erwies, habe ich auch andere europäische Gesetze herangezogen, vor allem das relativ neue und gut ausgearbeitete Urheberrechtsgesetz Österreichs.

Im einzelnen sind folgende drei Probleme erörtert, die mir als besonders wesentlich erscheinen:

Das erste besteht darin, festzustellen, ob und worin jenes Element geistiger Schöpfung zu suchen ist, welches den Film als Werk eigener Prägung und nicht nur als technisches Mittel zur Wiedergabe anderer Werke charakterisiert. In dieser Frage glaube ich weitgehende Übereinstimmung zwischen der großen Mehrheit der verschiedenen Gesetze und auch dem deutschen Gesetzesentwurf feststellen zu können. Das genannte Element kann nur in der Form des künstlerischen Ausdrucks gefunden werden, der mit den dem Film eigenen technischen Mitteln realisiert wird. Die einzige, wenn auch bedeutsame Ausnahme macht das englische Gesetz; seine Einstellung beruht aber wohl darauf, daß der Gesetzgeber die Urhebereigenschaft des Produzenten rechtfertigen wollte.

Die zweite Frage, die dogmatisch wichtigste, betrifft die Definition des Filmwerks als einheitliches, wenn auch zusammengesetztes Werk, die Existenz eines einheitlichen Rechts an diesem Werk, das den verschiedenen Miturhebern gemeinsam zusteht, und das Verhältnis dieses Rechts zu den Rechten der Miturheber an den einzelnen Beiträgen. Hier stehen die Rechtsordnungen Frankreichs und Italiens, die keine Schwierigkeiten bei der Gewährung eines einheitlichen gemeinschaftlichen Urheberrechts sehen, denen von Österreich und Deutschland gegenüber, die auf dem Begriff der „Werkverbindung" aufbauen. Mir scheint allerdings zwischen diesen beiden Systemen keine grundlegende Verschiedenheit zu bestehen, nicht einmal ein Abstand, der als unüberwindbar bezeichnet werden müßte. Zudem verläßt der neue deutsche Entwurf die Konstruktion des Films als Werkverbindung und erkennt den Film als einheitliches Werk an.

Das dritte Problem, dessen Lösung die Praxis vordringlich fordert, ist die Koexistenz von Vermögensrechten und Persönlichkeitsrechten am Filmwerk. Daß die Vermögensrechte, wenigstens zum größten Teil, dem Produzenten zustehen müssen, erkennen die verschiedenen Gesetze im wesentlichen an. Unterschiedliche Auffassungen bestehen nur über die Art des Rechtserwerbs und über die Rechtsnatur: ob Erwerb kraft Gesetzes oder kraft Vertrags, ob Erwerb des Vollrechts oder nur eines abhängigen

Benutzungsrechts. Aber auch diese Fragen werden ohne allzu große Schwierigkeiten einheitlich zu lösen sein. Viel schwerwiegender und schwieriger ist es, das richtige Verhältnis zwischen den Vermögensrechten des Produzenten und den Persönlichkeitsrechten der Urheber zu finden, die beide von der Interessenlage her eng miteinander verbunden sind. Die Schwierigkeiten liegen bei den Rechtsordnungen, die ich als pluralistisch bezeichne, da sie die Urhebereigenschaft mehreren Personen zuerkennen, offen zutage. Ich glaube aber, zeigen zu können, daß sie ebenso dort vorhanden sind, wo formal der Produzent als Urheber fingiert wird, aber auf der anderen Seite den wahren Urhebern ihre Persönlichkeitsrechte doch nicht entzogen werden können. Ich bin deshalb zu dem Ergebnis gekommen, daß es unnütz wäre, über eine fingierte Einzelurheberschaft und die wahre Mehrheit der Urheber des Films zu diskutieren. Es wäre fruchtbarer, in die Gesetze Bestimmungen einzubauen, die die Ausübung der Persönlichkeitsrechte so begrenzten, daß die rechtmäßigen Interessen der Produzenten gewahrt würden. Aus Art. 22 des italienischen Urhebergesetzes könnten meines Erachtens einige wertvolle Hinweise entnommen werden.

Ich darf dieses Vorwort mit einem Wunsch und mit einem Dank schließen. Ich wünsche, daß der deutsche Gesetzesentwurf aus dem Jahre 1954, der derzeit noch einmal überarbeitet wird, als Gesetz auch auf dem Gebiete des Filmrechts die große Tradition der deutschen Rechtswissenschaft fortsetzen möge. Der Dank gebührt Herrn Dr. Georg Roeber, der mir freundlicherweise behilflich war, meine kleine Schrift inhaltsgetreu und meinen Gedanken entsprechend ins Deutsche zu übertragen.

Turin, im Juli 1958

Paolo Greco

I. Das Filmwerk als Geisteswerk

1. Die Lage beim Film. — Obwohl die Filmerzeugnisse, verstanden im weitesten Sinne des Wortes, ebenso Aufgaben der Kunst und der Kultur wie Aufgaben der Unterhaltung und der Belehrung erfüllen und zu den gebräuchlichsten Einrichtungen des sozialen Lebens gehören, bestehen noch immer für die Lösung der Probleme ihrer Einordnung in das System der Geisteswerke und der Urheberrechte Ungewißheit und Unstimmigkeit in Lehre und Gesetzgebung der einzelnen Länder, auch in und zwischen solchen, die der Berner Übereinkunft zugehören [1]).

Bei keiner anderen Kategorie der Geisteswerke haben sich für die rechtliche Behandlung der Materie so viele Schwierigkeiten und Meinungsverschiedenheiten ergeben wie bei den Filmwerken [1a]). Dies erklärt sich aus verschiedenen Gründen: aus der Technik; aus der Vervielfältigung und Ungleichartigkeit der für die Herstellung eines Films erbrachten Handlungen; aus den arbeitsmäßigen Zusammenhängen, die es oft schwer machen, zwischen Technik und Kunst, beruflicher Tüchtigkeit und geistiger Schöpfung zu unterscheiden; aus den Schwierigkeiten einer rechtlichen Existenz vieler „Mitarbeiter“; schließlich aus dem Gewicht, das den verschiedenen und einander entgegengesetzten Interessen beizumessen ist, insbesondere im Verhältnis der Urheber zum Hersteller.

Aus diesen Gründen ist es verständlich, daß die Gesetze auf diesem Gebiet, mehr als auf anderen, nicht immer konsequent im Sinne der urheberrechtlichen Prinzipien sein können und fast alle gewisse

---

[1]) Einzelheiten bei Saporta in „Il diritto di autore“ 1954, 309.

[1a]) Wie kürzlich Tournier in „Revue internationale du droit d'auteur“ (RIDA) 1956 XVIII, 5 ausführt: „Il faut bien que les difficultés du problème soient ardues pour qu'elles aient résisté aux tentatives de rationalisation les plus autorisées.“ Tournier erkennt mit Recht, daß die Probleme des regulären Films (Kinofilms) grundsätzlich dieselben sind wie bei den für das Fernsehen geschaffenen Filmen (aaO. S. 3).

empirische Lösungen anwenden, die bestimmt sind, praktische und, wie man glaubt, schutzwürdige Anforderungen zu befriedigen. Es handelt sich um eine Frage des Maßes: einige Gesetze weichen weniger, andere mehr von den Prinzipien ab, einige z. B. entweder wegen der Schwierigkeit einer Feststellung des schöpferischen Charakters in den vielfältigen Beiträgen, die im Filmwerk zusammenlaufen, oder wegen des Nachteils einer allzu starken Beteiligung von Miturhebern. Solche Gesetze lösen die Frage vielmehr in summarischer Weise und erkennen den schöpferischen Charakter nur für einige der Beiträge an, wo er ihnen wichtig und sicher genug erscheint. Andere Gesetze hingegen entscheiden die Frage radikaler und verwirren sicherlich dadurch auch die Ordnung der Prinzipien um so mehr, indem sie die Schöpfer beiseite lassen und die Qualifikation als Urheber einem Nichturheber, wie dem Hersteller, zuschreiben.

Außer obwaltenden Zweckabsichten sind auch die Lehren zu beachten, die die gesetzgeberischen Lösungen beeinflussen. Es sind Fragen der objektiven und der subjektiven Schutzqualifikation. Jene betreffen den Schutz des Filmwerkes, diese den Schutz der Personen, die es verdienen, als Urheber des Filmwerkes angesehen zu werden. Die objektive Schutzqualifikation ist präjudiziell für die subjektive, und die Auffassungen darüber, was ein Film rechtlich ist, sind stark umstritten, vielleicht auch, weil Lehre und Gesetzgebung diese Begriffe weniger klar definierten.

Für die objektive Schutzqualifikation lassen sich folgende Fragen unterscheiden:

a) — ob das Filmwerk einen schöpferischen und *spezifischen* Charakter aufweist und welches die Merkmale sind, die es gestatten, das Filmwerk als eine eigene Art von Geisteswerken zu betrachten;

b) — welche strukturellen Merkmale das Filmwerk aufweist, ob es insbesondere eine begriffliche und funktionelle Einheit bildet, obwohl es das Ergebnis der Vereinigung oder der Zusammenstellung mehrerer, verschiedener und schöpferischer Werke und Tätigkeitsarten ist.

2. Schöpferischer Charakter der filmischen Ausdrucksform. — Um bei Filmwerken von Werken eigener Art sprechen zu können, muß ihr *spezifischer* Charakter wesentlich in der Form des filmischen Ausdrucks gesucht und gefunden werden und nicht in anderen Arten einer schöpferischen Tätigkeit, obwohl auch diese, wie z. B. die literarische Tätigkeit des Drehbuchverfassers, mit dazu beitragen mögen, dem Film den Charakter einer

geistigen Schöpfung zu geben. Wenn gesagt worden ist, daß die Drehbucharbeit den Charakter einer filmschöpferischen Tätigkeit habe, weil im Drehbuch schon alle wesentlichen Elemente und Wirkungen der Filmdarstellung enthalten seien [2]), kann zwar hypothetisch damit etwas Richtiges gemeint sein, aber es wird verkannt, daß es eben ein spezifisches „Filmschaffen" gibt, und daß das Filmwerk nicht lediglich die Wiedergabe eines literarischen Werkes mit den technischen Mitteln der Kinematographie ist. Wäre es das, so wäre das Attribut „Film" nicht geeignet, das Geisteswerk zu charakterisieren [3]). Mit dem geichen Recht ließe sich sonst sagen, eine literarische Beschreibung, die ausschließlich zu dem Zwecke, einen Maler anzuregen, überhaupt erst verfaßt wurde, werde in ein Gemälde „übersetzt", wenn sie ihm, damit er das Gemälde erstellen kann, die erforderlichen Hinweise auf Sujet, Grundriß, Farben, Figuren und sonstige Einzelheiten gibt.

Der Film ist ein Geisteswerk eigener Art durch die spezifische Form seines Ausdrucks. Beim Film werden Bilder vorgeführt. Aber darum wird die Ausdrucksform des Films noch nicht zu einem Element der bildenden Kunst. Die Wahrheit ist, daß sich der Film von den Werkformen der bildenden Kunst durch zwei Merkmale wesentlich unterscheidet. Das erste Merkmal besteht in der Tatsache, daß die Bilder, statt von der Hand des Menschen geschaffen und dargereicht zu werden, durch besondere technische Verfahren im Bereiche der Außenwelt aufgenommen und auf Film fixiert werden; das zweite Merkmal zeigt sich in der Tatsache, daß die Bilder durch die Projektion des Films dazu bestimmt sind, im Zuschauer den Eindruck oder die Illusion ihrer Bewegung zu erwecken: „capable of being shown as a moving picture", wie der englische Copyright Act,

---

[2]) So Ulmer, Urheber- und Verlagsrecht. 1951. § 20, S. 97 „Der Film wächst vielmehr aus dem Drehbuch hervor, in dem die filmischen Gesetze berücksichtigt sind", und in anderen Publikationen, so in GRUR 1952, 5. Ebenso: Baum in GRUR 1952, 480; de Boor in UFITA Bd. 18 (1954) S. 274. Zur Kritik s. besonders: Georg Roeber in UFITA Bd. 18 (1954) S. 9 ff. und S. 283 ff., UFITA Bd. 22 (1956) S. 1 ff. = Die Urheberschaft am Film, Heft 3 der Schriftenreihe der UFITA. Baden-Baden 1956; Werhahn in UFITA Bd. 19 (1955) S. 192; Burkhardt in UFITA Bd. 19 (1955) S. 162; Pfennig in UFITA Bd. 19 (1955) S. 180. — Gegen die irrige Neigung, Filmwerke wie eine Unterklasse der Literaturwerke zu betrachten. s. Piola Caselli, Codice del diritto di autore. 1943. S. 385. Kürzlich: Lyon-Caen und Lavigne. Traité théorique et pratique de droit du cinéma. Paris 1957. I, § 190, 230.

[3]) Henri Desbois, Le droit d'auteur, 1950. Nr. 94. Die Unterscheidungen, die Ulmer in GRUR 1955, S. 521 — 522 macht, überzeugen nicht. Ulmer meint, der Drehbuchverfasser denke und schaffe bereits in den Gesetzen des Films. Ulmer berücksichtigt dabei nicht die schöpferischen und spezifischen Elemente des Vorganges der Herstellung des Films. Er berücksichtigt ferner nicht, daß die ästhetischen Wirkungen des Filmwerks nur aus dem Filmschaffen erwachsen; das Drehbuch bringt sie nicht hervor und kann es auch gar nicht. Doch darüber s. oben Abschn. I. Nr. 4 und die Anm. 18 ff.

1956 in Ziff. 13 Abs. 10, sagt. Es würde sich, wenn überhaupt, demnach um eine dynamische Form bildender Kunst im Gegensatz zu den traditionellen Formen einer statischen Darstellung handeln.

Die Feststellung solcher Eigenheiten allein genügt freilich noch nicht, um im filmischen Ausdruck eine spezifische Schöpfung des Geistes und im Filmwerk eine selbständige Kunstform zu erkennen. Dazu gehört, daß der Film eigene ästhetische und erregende Wirkungen auslöst. Solche Wirkungen werden vor allem von der Denkweise derer bestimmt, die den Film vermittels besonderer Verfahren realisieren.

3. Dokumentarfilme. — Über den schöpferischen Charakter der filmischen Ausdrucksform gehen die Auffassungen in der Lehre und die Maßnahmen der nationalen Gesetzgebung mehr oder weniger auseinander, angefangen bei der Überlegung, daß es zwei getrennte Kategorien der Filmproduktion gäbe: Filme, die Geschehnisse dokumentieren (Tagesereignisse) und Filme, die der Phantasie entspringen [4]).

Mit der nicht ganz passenden Bezeichnung der ersteren Gruppe will man jene Filme kennzeichnen, die sich damit begnügen, Personen, Gegenstände und Ereignisse des natürlichen und sozialen Lebens und so, wie sie sich von selbst bieten, ohne daß sie erdacht und vorbestimmt waren, filmisch wiederzugeben [5]).

In dieser Kategorie fehlt das Element der Konzeption und der gedanklichen Komposition, mithin jene interne Tätigkeit des menschlichen Verstandes, durch die eine organisch gefügte Gesamtgestalt in der Bedeutung eines Geisteswerks entsteht [6]). Wenn der Charak-

---

[4]) Für diese Benennung s. Desbois, aaO. Nr. 181.

[5]) Für die Definition von Dokumentarfilmen s. das *italienische* Gesetz vom 29. Dezember 1949. Nr. 958, Art. 15. Danach handelt es sich um einen nicht unter 200 m langen Film, der Ereignisse und Tatsachen des Tages wiedergibt und den Charakter der Information und einer Filmchronik hat. — Vgl. über den Rechtscharakter eines einschlägigen Films, der jedoch enthielt: „un scénario, des vues originales, un choix de diverses scènes ou séquences", Appelationsgericht Paris, 2. März 1955 in Revue Trimestrielle de droit commercial, 1956, 74 ff. mit einer günstigen Auslegung zu diesem Punkt von Desbois. — Darüber, daß einfache Filmerzeugnisse, wie z. B. Filme der Wochenschau, nicht als Filmwerke geschützt sind, vgl. Ulmer in GRUR 1955, 524.

[6]) Hier muß an die bekannten Unterscheidungen zwischen „Gedankeninhalt" und „Formgebung", zwischen „innerer" und „äußerer" Form und an die Betrachtungen über das Ausdrucksmittel erinnert werden. Vgl. dazu Runge, Urheber- und Verlagsrecht 1948/1953 S. 19 bis 24. — Kürzlich ist behauptet worden, daß solche Unterscheidungen nicht nur überflüssig, sondern sogar schädlich sind: Del Bianco, Le droit d'auteur et ses limites. 1951. S. 21. Dieser Gesichtspunkt erscheint übertrieben, aber es stimmt auch, daß es sich um Unterscheidungen mit lediglich annähernden und relativen Charakteristiken handelt, die nicht für alle Arten der Geisteswerke gleich sind und nicht in derselben Weise gelten. Wie Desbois, aaO. Nr. 5 ff. hervorgehoben hat,

ter der geistigen Schöpfung den Wochenschauen zugesprochen werden sollte, wäre er ausschließlich in der Tätigkeit der kinematographischen Wiedergabe zu suchen [7]). Zweifellos kann auch bei dieser Art von Filmen nicht die Mitwirkung gewisser Fähigkeiten des Verstandes verneint werden. Jedoch erscheint ebenso gewiß, daß jene Freiheit und jene Selbständigkeit der Eingebung und des Entschlusses fehlen, mit denen in sogenannten Phantasiefilmen der Verstand vorherrscht und auf seine Weise den Gegenstand der Darstellung formt. Man kann daher die Meinungsverschiedenheiten begreifen, die in der Lehre und in der nationalen Gesetzgebung darüber bestehen, ob jene Erzeugnisse der Filmtechnik als Geisteswerke betrachtet werden sollen oder nicht.

Im allgemeinen folgt man in dieser Frage der Lösung, wie sie für Photographien gilt, die „Bilder von Personen oder Formen von Elementen und Begebenheiten des natürlichen und sozialen Lebens" widerspiegeln [8]). Die Gesetze, die die Photographien als Geisteswerke behandeln, tun dies auch bei den Dokumentarfilmen [9]); die Gesetze

---

gibt es Werke, wie *recueils* (Sammelwerke, *opere collettive*), an denen der Urheber durch den Gedankeninhalt oder die Zusammensetzung geschützt ist, nicht wegen der Ausdrucksform, an der er nicht beteiligt ist, es sei denn, daß er eigene Bemerkungen beifügt (Desbois, aaO. Nr. 78); anderseits ist in den musikalischen Werken ein Gedankeninhalt nicht außerhalb des eigenen Tonausdrucks identifizierbar: Desbois, aaO. Nr. 129 ff.; Piola Caselli, aaO. S. 210 ff. — Neue und klare Perspektiven über diesen Gegenstand sind von Ulmer, Urheber- und Verlagsrecht, § 15, eröffnet worden. Ulmer erklärt (S. 76): „An die Stelle der Unterscheidung zwischen Form und Inhalt muß . . . die Unterscheidung zwischen den individuellen Zügen des Werkes und dem literarischen und künstlerischen Gemeingut treten." Vgl. auch Troller, Der schweizerische gewerbliche Rechtschutz. Basel 1948. S. 100 ff.

7) Vom besprochenen Fall der Photographien abgesehen, meint eine maßgebliche Auffassung, daß bei den Werken der bildenden Künste der Schutz hauptsächlich die Realisation des Ausdrucks betrifft: Desbois, aaO. Nr. 77 ff.; Piola Caselli, aaO. S. 217, 218.

8) So das *italienische* UrhG von 1941, Art. 87. Davon unterschieden sind Photographien von Schriftstücken, Urkunden, Geschäftspapieren, Material, technischen Zeichnungen und ähnlicher Erzeugnisse. Für diese letztere Art von Photographien gilt nicht einmal der Schutz der „droits voisins" (aaO. Art. 87, Abs. 2). Es ist hervorzuheben, daß hier der Ausdruck „Material" einschränkend im Gegensatz zu jenem zu verstehen ist, der auch materielle Gegenstände betrifft, aber nach dem 1. Abschnitt der obigen Darlegungen „Elemente des natürlichen Lebens" zum Gegenstand hat; vgl. die diesbezüglichen richtigen Erwägungen von Hirsch-Ballin, „Il diritto di autore", 1950, 348.

9) Bei der Brüsseler Revision der RBÜ sind die Photographien nach Aufhebung des Art. 3, der sie gesondert von den „Werken der Literatur und Kunst" betrachtete, nach einem Vorschlag der französischen Regierung, diesen Werken zugerechnet worden, was scheinbar bedeutet, daß der Photographie schlechthin der Charakter einer *création intellectuelle* beigemessen wird. Ob die RBÜ in diesem Sinne zu interpretieren ist, mag logisch richtig erscheinen (Desbois, aaO. Nr. 119), ist jedoch nicht sicher (Ulmer, aaO. § 80, S. 313, der die vollzogene Änderung nicht als klar betrachtet) — Das *französische* Gesetz von 1957, Art. 3 entspricht der Brüsseler Revision. — In *Großbritannien* für den Schutz der Photographien, unabhängig vom künstlerischen Gehalt

hingegen, die Photographien nach Leistungsschutz behandeln *(droits voisins)*, werden nicht umhin können, die gleiche Behandlung auch den vorstehend erörterten Dokumentarfilmen zuteil werden zu lassen [10]).

Vielleicht ist die letztere Lösung diejenige, die in ihrer Negation den Anforderungen an den Begriff der „geistigen Schöpfung" am ehesten entspricht. Aber das Niveau für solche Anforderungen wird in Wirklichkeit nicht gehalten, wenn außerhalb des Gebietes der

---

(artistic works), bereits Copyright Act 1911, Ziff. 35, außer einem Schutz von kürzerer Dauer Ziff. 21, jetzt auch in klareren Worten der Copyright Act 1956, Ziff. 3, Abs. 1 (a) und 4 (b). Für die dortige Lehre s. Copinger / Skone, Law of Copyright 1948. S. 43. — Für das *schweizerische* UrhG vom 7. Dez. 1922 bilden Photographien eine Sonderkategorie von Werken (Art. 2), aber sie unterliegen wie die anderen dem Urheberrecht: Streuli, Le droit d'auteur en Suisse, Genève (ohne Datum). S. 14. — Für die analoge Anerkennung von Dokumentarfilmen als Geisteswerke sind die Abänderungen des Art. 14, Brüsseler Fassung, zu berücksichtigen. Nach der Romfassung waren geschützt "comme œuvres littéraires ou artistiques les productions cinématographiques *lorsque l'auteur aura donné à l'œuvre un caractère original*". Damals waren Wochenschauen ausgeschlossen, in denen die Kombinationsidee fehlte, die den Film als filmische Einheit kennzeichnet (Willy Hoffmann, Die Berner Übereinkunft zum Schutze von Werken der Literatur und Kunst. 1935. S. 220.) Im Text von Brüssel ist diese Bedingung fallen gelassen worden. Filmwerke sollen fortan ohne Unterschied wie „Originalwerke" behandelt werden, also einschließlich auch der Dokumentarfilme mit der Wiedergabe von Ereignissen. Dies ist auch die dem Text gegebene Auslegung nach dem *englischen* Gesetz von 1956 (s. Report of the Copyright Committee, 1952 n. 100).

10) Nach dem *italienischen* UrhG (s. oben Anm. 8) bilden die Photographien, die Photogramme der Filmstreifen und die Dokumentarfilme (Art. 2 Nr. 6 und Art. 87) den Gegenstand eines bloßen Leistungsschutzes (Droits voisins), der zwar das droit moral und die Exclusivität der Benutzung sichert, jedoch nur auf die Dauer von gewöhnlich 20 Jahren seit der Herstellung gewährt wird (Art. 92). — Nach dem in *Deutschland* geltenden Urheberrecht (KSchG) sind die Photographien den Werken der bildenden Künste (§ 1) gleichgestellt, abgesehen von der kürzeren Schutzdauer, bemessen auf 25 Jahre seit dem Erscheinen (§ 26). Es ist jedoch umstritten, ob es sich dabei um ein echtes Urheberrecht handelt. Ulmer, aaO. § 80 S. 312 bemerkt, daß „die gesetzliche Gleichstellung über die Verschiedenheit der geschützten Gegenstände nicht täuschen darf" und neigt dazu, schon jetzt die Photographien der Kategorie der „angrenzenden" oder „verwandten" Rechte zuzurechnen. Andere Verfasser unterscheiden zwischen Photographien in der Bedeutung einer einfachen und einer künstlerischen Wiedergabe: s. Runge aaO. S. 331; Hirsch-Ballin, aaO. S. 316 ff. Die vom deutschen Referenten-Entwurf (1954) vorgeschlagene Lösung folgt Ulmers Meinung und entspricht daher *dem italienischen* Gesetz, so für Lichtbilder (§ 68 ff.) und für „kinematographische Erzeugnisse (Laufbilder), die nicht als Filmwerke geschützt sind" (§ 72). S. auch Haensel, Leistungsschutz und Normalvertrag. 1954. S. 90. — Das *österreichische* Gesetz vom 9. April 1936 rechnete Lichtbilder wie Laufbilder den „Verwandten Schutzrechten" zu. Aber mit dem Änderungsgesetz von 1953 sind unter die bildenden Künste (§ 3 Gesetz 1936) auch „die Werke der Lichtbildkunst (Lichtbildwerke)" einbeschlossen worden, worunter nach der herrschenden Lehre nur jene Photographien fallen, die als „eigentümliche geistige Schöpfung" zu betrachten sind: Peter, Das österreichische Urheberrecht 1954. S. 44, 188, während Filmberichte oder einfache kinematographische Erzeugnisse unverändert den „Verwandten Schutzrechten" zugeordnet bleiben: Peter, aaO. S. 39, 45, 189, 190.

Photographie zahlreichen Erzeugnissen [11]), bei denen es schwer ist, außer dem Beweis von Spezialkenntnissen und technischer Tüchtigkeit auch die Merkmale der geistigen Schöpfung festzustellen, die Qualität von Geisteswerken zuerkannt wird.

Wenn dieser Umstand berücksichtigt wird, kann es nicht wundernehmen, daß die gleiche Qualifikation auch den Photographien zuerkannt wird, da diese, mehr als die anderen Erzeugnisse, auf die persönliche Leistung des Photographen, auf sein Einfühlungsvermögen und auf seine ästhetische Intuition zurückzuführen ist [12]). Es stimmt, daß dies nicht für alle Photographien gesagt werden kann, wahrscheinlich nicht einmal für die Mehrzahl derjenigen, die gewöhnlich erzeugt werden. Jedoch erscheint es unvertretbar, daß für den rechtlichen Schutz der Photographien noch interne Unterschiede gemacht werden [13]). Übrigens ist es nicht erforderlich, darauf näher einzugehen, da die speziellen Fragen der Dokumentarfilme nicht zum Gegenstand der vorliegenden Abhandlungen gehören [14]).

4. Phantasiefilme. — Unter Phantasiefilmen sind Filme zu verstehen, bei denen die Bilder und die mit den Mitteln der Kinematographie dargestellten Gegenstände für die Zwecke und die

---

[11]) So führen Copinger/Skone aaO., S. 49, 50, 58 unter den nach *englischem* Recht geschützten Werken an: a directory, a trade advertisement ... a list of registered bills of sale and deeds of arrangement extracted from official sources, a list of foxhounds and hunting dogs, a list of Stock Exchange prices ... a list of stallions with daughters at the stud, ... an alphabetical list of railway stations contained in „Bradshaw's Railway Guide, ... tradesmen's catalogues".

[12]) Von den jüngsten Publikationen über das Problem des Schutzes der Photographien als Geisteswerke vgl. Bappert/Wagner in GRUR 1954, 104; die ausführliche Abhandlung von P. Vercellone in „Il diritto di autore" 1956, 159; Hirsch Ballin, aaO. Anm. 10.

[13]) Die Möglichkeit, die Qualifikation der Photographie als eines Geisteswerkes von der Bedingung abhängig zu machen, daß sie von Fall zu Fall auf den schöpferischen oder künstlerischen Gehalt geprüft werde, ist bisher vor allem in *Frankreich* weitgehend erörtert worden. Im bejahenden Sinne scheint sich die Lehre ausgesprochen zu haben, jedoch ablehnend: Desbois, aaO. S. 106 f.; Le Tarnec, Manuel juridique et pratique de la propriété litérire et artistique, Paris, Dalloz. 1956, Anm. 188 ff., dort ausführliche Hinweise. Siehe auch oben Anm. 10.

[14]) Es sei hier nur die Frage aufgeworfen, ob die vom *österreichischen* und *italienischen* Urheberrechtgesetz und jetzt im *deutschen* Referentenentwurf 1954 getroffene Behandlung der Photographie, insbesondere für die einfachen Filmberichte, im Widerspruch zur RBÜ Brüsseler Fassung steht (vgl. obige Anm. 9). Ein solcher Widerspruch kann im allgemeinen jedoch nicht anerkannt werden. In diesem Sinne auch Ulmer, aaO., § 80. S. 313. Anders allenfalls bei Maßnahmen, die von der BRÜ Brüsseler Fassung nicht gedeckt erscheinen, wie z. B. im *italienischen* Gesetz (Art. 91 Abs. 3) die gesetzliche Lizenz zur Wiedergabe bereits in Zeitungen oder in Zeitschriften veröffentlichter Photographien, die Personen oder Geschehnisse entweder der Zeitgeschichte oder von allgemeinem Interesse betreffen. Über dieses Problem s. De Sanctis, La convenzione internazionale di Berna, 1949, S. 122 bis 123; Vercellone, aaO., S. 175 f.

Wirkungen der filmischen Ausdrucksform nach einem gefaßten Plan bestimmt und erzeugt, angeordnet und gesammelt werden. Ob der Film in die Kategorie der ästhetisch-erregenden oder der logisch-begrifflichen Geistestätigkeit fällt, sollte gleichgültig sein. Deshalb wäre es angemessener, von Filmen der Konzeption oder der Komposition zu sprechen [15]), um darin auch solche mit wissenschaftlichem oder kulturellem Inhalt einzuschließen, in denen die Phantasie nur nebensächlich ist oder eine bloße Beigabe bildet, während auch sie den oben angegebenen Bedingungen entsprechen und von jenen Ausdrucksmitteln Nutzen ziehen, die der Filmkunst eigen sind [16]). Es läge tatsächlich auch kein Grund vor, kulturellen oder wissenschaftlichen Werken eine andere Behandlung zuteil werden zu lassen, je nachdem, ob sie in literarischer oder aber in der Form der Filmkunst existieren.

Zweifellos sind für die Entstehung eines Konzeptionsfilms Tätigkeiten erforderlich, die den verschiedenen Arten schöpferischer Geistesfähigkeit zugehören, besonders aus dem Gebiete der literarischen Arbeiten, der Musik und auch dem der bildenden Künste mit dem

---

[15]) Von Desbois, aaO., Nr. 7 f. gebrauchter Ausdruck und annähernd dem Begriff der „inneren Form" entsprechend, der mehr in der deutschen Lehre verbreitet ist. S. oben Anm. 6.

[16]) Dies ist der Fall bei den „Dokumentarfilmen" von Disney, deren schöpferische Auffassung sich deutlich in der Wahl, der Aufnahme, der Anordnung im Ausdruck zeigt, und die fesselnd und mit den eigenen Mitteln der Filmkunst Vorfälle und Formen des natürlichen Lebens wiedergeben, ohne sich wesentlich von der Wirklichkeit zu entfernen. Es können daher nicht alle Dokumentarfilme mit den sog. Filmberichten (Wochenschau) gleichgestellt werden. Siehe dagegen Desbois, aaO., Nr. 214, insofern „les données de l'œuvre sont prédéterminées" und „le producteur est asservi, car sa mission est de fixer l'image la plus fidèle du réel". Aber die vorherige Festsetzung der Daten und die Wirklichkeitstreue schließen — entgegen der Ansicht von Desbois — die Schöpfung nicht aus, wenn einerseits die Daten selbst ein Material der Auswahl, der Ausarbeitung und der Einordnung sind und andererseits die Darstellung des „Wirklichen" jene künstlerische Form annimmt, die derselbe Verstand ihr einprägen kann. W. Peters, aaO. S. 45 bemerkt bei der Erläuterung des § 4 des *österreichischen* Gesetzes zu Recht, daß zu den Filmwerken, die im Sinne des § 1 den Charakter „einer eigentümlichen geistigen Schöpfung" besitzen, nicht nur „Spielfilme", sondern auch Filmwerke mit wissenschaftlichem, belehrendem und erzieherischem Inhalt rechnen; vorausgesetzt werde, daß der Film „nach einem — wenigstens im Geiste des Schöpfers — im voraus festgelegten Vorgangs- oder Handlungsablauf gedreht oder zusammengestellt wird, nicht aber nur tatsächliche Geschehnisabläufe festhält, wie z. B. der Dokumentarfilm". S. auch Ulmer in GRUR 1955, 522; De Sanctis, Il nuovo diritto di autore cinematografico 1941, Nr. 9 und hier mit Bezug auf die Vorarbeiten des *italienischen* Gesetzes. Für diese s. auch das andere Gesetz vom 29. Dez. 1949 Nr. 958, Art. 8, das für die Behandlung als nationalen Film auch Kurzfilme mit Dokumentarcharakter, wenn sie im Ausland gedreht worden sind und einen außerordentlichen kulturellen und künstlerischen Wert haben, den Langfilmen gleichsetzt.

diesen letzteren eigenen statischen Ausdruck, wie Zeichnung oder Gemälde.

Wenn das Filmwerk aber, wie dargelegt wurde, ein Geisteswerk eigener Prägung ist, kann es nicht einfach als ein technisches Mittel der *Wiedergabe* anderer Werke [17]) qualifiziert werden. Das Filmwerk unterscheidet sich von anderen Werken durch seine Eigenart, und diese Eigenart kann nur in der Form des *filmischen Ausdrucks* gefunden werden, gehört also dem Gebiet jener Tätigkeiten zu, die die filmische Schöpfung unmittelbar realisieren, und ist unabhängig von dem Umstand, daß die *„Realisierer"* für die Zwecke der Entstehung des Films literarische und musikalische Beiträge verwenden.

Abgesehen von den Unterschieden, die bei jeder Art von Geisteswerken das Meisterstück vom durchschnittlichen und dieses vom schlechten Werke trennen, äußert sich die Eigenart des filmischen Geisteswerkes darin, daß das Publikum bei der Vorführung des Films ganz neue und andere Eindrücke gewinnt und Erregungen empfindet als beim einfachen Lesen des Drehbuches, wogegen die Merkmale der gleichen Neuheit und des gleichen Unterschiedes im Vergleich zwischen dem Lesen eines Dramas und seiner bühnenmäßigen Darstellung nicht gegeben sind [18]).

Solche Tatsachen hat auch der Jurist zu respektieren. Sosehr Zweifel und Meinungsverschiedenheiten über die schöpferische Bedeutung der einzelnen Handlungen bestehen mögen, die zu der Realisierung eines Films beitragen, wie insbesondere die Interpretation der Hauptdarsteller, die Aufnahmen des Kameramannes, die Szenerie (Bühnenbild), die Montage (Schnitt), so herrscht doch Übereinstimmung darüber, daß der Charakter des Filmschöpferischen hauptsächlich in der Regietätigkeit zu finden ist [19]). Der Regisseur ist es, der alle Phasen des filmischen Herstellungsvorgangs mit weitgehender Urteilskraft und Ideenfreiheit überwacht, von der ersten Manuskriptvorlage bis zum endgültigen Schnitt des Films alle schöp-

---

[17]) „Le cinématographe ne constitue pas un simple procédé d'enregistrement et de projection d'images animées: Desbois, aaO. Nr. 3.

[18]) Vgl. Guido Aristarco, Storia delle teoriche del film. 1951, mit ausführlichen Hinweisen auf die *italienische* Doktrin und die anderer Länder, besonders die Meinungen von Canudo, Deliuc, Pudovkin, Eisenstein, Hans Richter, Arnheim, Rotha und andere der bekanntesten Theoretiker des Films; Béla Balács, Il Film. 1952; Giorgio Sadoul, Il cinema (ital. Übersetzung). 1949; Umberto Barbaro, Soggetto e sceneggiatura. 1947; Pasinetti und Puccini, La regia cinematografica. 1945; Di Giammatteo, Come nasce un film. 1957.

[19]) Vgl. Di Giammatteo, aaO., Kap. V. Teilweise wird die Leistung des Regisseurs für den Schnitt des Filmes gegenüber anderen Leistungen für bedeutender gehalten, so von Barbaro, aaO. S. 55 und von Pasinetti und Puccini, aaO., Anm. 22.

ferischen Beiträge inspiriert und sie einander anpaßt, manchmal auch in die Musik eingreift, nicht um in das Gebiet anderer einzudringen, sondern aus den eigenen Erfordernissen der Regie[20]) heraus, und der schließlich die Verwendung einer großen Auswahl technischer Mittel[21]) leitet, um damit für die Wiedergabe des Films und dessen Vervielfältigung einen festen und dauerhaften stofflichen Träger zu erstellen und dem Film als solchem zu den erstrebten Wirkungen zu verhelfen (seelische Zustände, ästhetische Erregungen)[22]). So offenbart die Regie, nach Ansicht der Fachleute, ihre schöpferische Eigentümlichkeit und realisiert gleichzeitig in der Synthese aller beteiligten Faktoren die *spezifische* Form des filmischen Ausdrucks. Diese Form ist schöpferisch und keine bloße Darstellung, Ausführung oder Wiedergabe eines Werkes, das vor und außerhalb des Films ist. Im Gegenteil: durch den Reichtum und die Wirkung ihrer Mittel, durch die Freiheit, die dem Gedankeneinfall und der ästhetischen Eingebung ihrer Realisierer gelassen ist, unterscheidet sie sich klar von der bühnenmäßigen Darstellung, die an strenge Bedingungen ihrer Umgebung, der Zeit und des Raums gebunden ist, Bedingungen, die ihr von der Treue zum Original des *dargestellten* Werks auferlegt sind. Folglich weicht die Filmregie völlig von der bühnenmäßigen „Regie“ ab, wie sie sich andererseits auch nicht ausschließlich auf die Aufgabe der *Interpretation* eines literarischen (erzählenden und

---

[20]) Ohne daß der schöpferische Wert des Drehbuchs und der Regie geleugnet wird, wird jedoch erörtert, ob das eine oder das andere überwiegt. P o d o v k i n meint, wie A r i s t a r c o, aaO. S. 62 f. berichtet, alles sei im Drehbuch vorbereitet, ehe der Regisseur das Filmatelier betritt. Ein derartig verstandenes Drehbuch wäre identisch mit der endgültigen Festlegung aller für die Aufnahme erforderlichen Mittel zur Erreichung der gewollten und schon beim Beginn vorausgesehenen Wirkung. Dies würde der Auffassung U l m e r s (s. oben Anm. 2) entsprechen. A r i s t a r c o wendet ein, daß „se è vero, fra l'altro, che nel momento in cui si elabora un soggetto, per la prima volta l'autore viene a contratto con le leggi della creazione artistica, è altrettanto vero che questa creazione si attua ed esiste soltanto nel film. Il film è un'opera d'arte, e non la sceneggiatura, la quale è, in ogni caso, materia più o meno morta o informe. In essa esiste il montaggio, ma come proposta; è previsto il ritmo, ma non c'è il ritmo“. Die überwiegende Meinung der Sachkenner mißt der Regie die größere Bedeutung zu, so E i s e n s t e i n, A r n h e i m, H. R i c h t e r, B a l á c s, wobei man aber geteilter Meinung sein kann, ob überhaupt davon gesprochen werden kann, daß das Drehbuch oder die Regie vorherrsche, da noch immer die Bedeutung des Filmstoffes (story) zu berücksichtigen bleibt.

[21]) So die Wahl der Licht-, Schatten-, Farbenperspektiven, die Bestimmung der Räume, Einstellungen, Bilder, Übergänge, Auflösung usw. Nach H. R i c h t e r, so berichtet A r i s t a r c o, aaO. S. 39 hängt der Erfolg der Kurzfilme von Chaplin nicht von der Handlung, sondern von der Benutzung filmischer Mittel für die Form des menschlichen Ausdrucks ab.

[22]) Vgl. B a r b a r o, aaO., S. 28, 29. Ähnlich B é l a B a l á c s, der davon spricht, daß „der Regisseur dein Auge führt“.

dramatischen) Werkes beschränkt [23]), so ausgezeichnet und originell die Interpretation auch sein mag.

Diese Folgerungen scheinen im wesentlichen vom größten Teil der derzeitigen Rechtslehre übernommen zu sein, obwohl sich noch einige Widerstände zeigen. Die gesetzgeberischen Lösungen dagegen sind verschieden, so einerseits im italienischen Gesetz [24]) und jetzt auch im französischen Gesetz [25]), [26]), anders dagegen vor allem in England auf Grund des neuen Copyright Act, 1956 und möglicherweise in Deutschland auf Grund des Referenten-Entwurfs von 1954, der noch diskutiert wird.

In England und in Deutschland scheint man gleichermaßen von dem Gedanken inspiriert zu sein, daß dem Filmwerk ein eigener schöpferischer Charakter zukommt, wie dies aus den entsprechenden Vorarbeiten hervorgeht. Wenn es sich jedoch darum handelt, den Platz im System der Geisteswerke festzulegen und die Filmwerke der Diszplin des Urheberrechts zu unterwerfen, entfernen sich die Lösungen merklich vom Ausgangspunkt, bis sie sich in einen eindeutigen Widerpruch zu ihm verlieren.

Das *englische* Gesetz enthält sich, dort wo es die verschiedenen Arten der Geisteswerke aufzählt, jedes unmittelbaren oder mittelbaren Hinweises auf *Filmwerke*, um dann das *copyright in every cinematograph film* in den Abschnitt über den Schutz einiger charakteristischer Mittel der Reproduktion und der Mitteilung von Werken zu verbannen [27]).

---

23) Der Unterschied kann daher nicht einfach annulliert werden, etwa wie Ulmer meint, nach dem alle die Realisation des Films betreffenden Handlungen in den Bereich der künstlerischen „Ausführung" gehören (so in GRUR 1955, 521); de Boor UFITA Bd. 18 (1945) S. 27 ff. Gegen Ulmer: Burkhardt, aaO. S. 163. — Über den Unterschied zwischen Filmregisseur und Bühnenregisseur und die Qualifikation des Filmregisseurs als Miturheber s. J. Matthyssens in Revue Internationale du Droit d'Auteur. 1956. X. 47; Werhahn aaO. S. 192 f.

24) Art. 2 Nr. 6, Art. 44 ff.

25) Vgl. Robert Plaisant, Propriété littéraire et artistique. 1954, Fasc. 17 Nr. 1 f.; Desbois, aaO. Nr. 181 — Kassationshof Frankreich 20 décembre 1949, „Le droit d'auteur", 1950, 117; App. Aix en Provence, 16. März 1943, aaO. 1943, 57.

26) Art. 3, 14 ff.

27) Im *englischen* Copyright Act, 1911, Ziff. 1 Abs. 2d wurde als „dramatic work" auch „any cinematograph production where the arrangement or acting form or the combination of incidents represented give the work an original character" qualifiziert und Ziff. 35 Abs. 1 bestimmte „cinematograph includes any work produced by any process analogous to cinematography". Dieser letztere Begriff umschloß sicherlich die Dokumentarfilme, obgleich er sich im Gegensatz zu Ziff. 1 Abs. 2d nicht ausschließlich auf diese bezog. S. darüber Copinger/Skone, aaO. S. 221; Russel/Clarke, Copyright and Industrial Designs. London 1951. S. 40, 48. — Im neuen englischen Gesetz vom 5. Nov. 1956 wurde die Materie anders geregelt. Die angeführte Bestimmung der Ziff. 1 Abs. 2d wurde nicht mit aufgenommen; die Ziff. 2 des neuen Ge-

Der *deutsche* Referenten-Entwurf von 1954 seinerseits zählt wohl *Filmwerke* als eine besondere Art der Geisteswerke auf [28]) und sieht daher konsequent davon ab, die Regelung im 2. Teil („Verwandte Schutzrechte") zusammen mit der Regelung des Schutzes von Photographien, der Leistungen ausübender Künstler, der Hersteller von Tonträgern und der Sendegesellschaften zu treffen, aber im 3. Teil („Besondere Bestimmungen für Filmwerke") werden diese Werke der Wesenszüge einer eigenen und charakteristischen Schöpfung entkleidet. Der Entwurf grenzt einerseits die filmschöpferischen Vorgänge und damit das Filmwerk von den filmisch benutzten Werken ab, zu welch letzteren er auch das Drehbuch und die Musik rechnet [29]); anderseits schließt er für die Aufgaben der unmittelbaren Realisierung des Films die Charakteristik der geistigen Schöpfung aus, indem er alle Filmschaffenden, sei es auch mit verschiedener Graduierung, außerhalb des Urheberrechts stellt und ihre Leistungen nur wie die von ausübenden Künstlern schützt [30]). Ob dieser Regelungsvorschlag des Entwurfes mit der Schwierigkeit erklärt wird, den schöpferischen Charakter der Tätigkeit für jede der bei

---

setzes, die die literarischen, dramatischen und musikalischen Werke betrifft, enthält keinerlei Hinweis auf ihre „Verfilmung", obwohl die verschiedenen Formen der Benutzung (Abs. 5) und insbesonders ihre Bearbeitung (Abs. 6) einzeln aufgeführt werden; ähnlich erwähnt die Ziff. 3, die die künstlerischen Werke betrifft, nicht die Filmwerke; diese werden hingegen in der Ziff. 13 geregelt und damit im 2. Teil, der auch das copyright in sound recordings, broadcasts usw. betrifft. Diese Nebeneinanderstellung mit Schallplatte und Rundfunk läßt darauf schließen, daß im Film nur ein Mittel — und sei es auch ein qualifiziertes Mittel — der Wiedergabe und der Benutzung von Geisteswerken, nicht aber ein eigenes Werk, gesehen wird („ancillary right"). Dies schien jedoch nicht die Überlegung der für die Vorbereitung des neuen Gesetzes eingesetzten Kommission zu sein. Im Report of the Copyright Committee 1952 Nr. 94 hieß es noch, daß „although the functions of actors, actresses, producers, directors, camera-men, creators of scenic effects and so on may be capable of separate analysis, the fact remains that each has little or no significance apart from that of others and the *resulting film itself is an entity which differs from the sum of its parts*", und noch deutlicher in Nr. 101, wo empfohlen wurde, daß „a film, together with its sound track if it as one, should be regarded *as a distinct type of work in which a distinct copyright may subsist,* and that such copyright should subsist in the film as a whole. . . . existing as something complete and indipendent".

[28]) In diesem Sinne bereits in § 15 KSchG und jetzt in § 1 des Referenten-Entwurfs. Vgl. auch die Begründung zum Referenten-Entwurf S. 80 und 213.

[29]) „Unter den zur Herstellung des Filmwerkes benutzten Werken versteht der Entwurf die Werke, die bereits vor der eigentlichen Herstellung des Filmwerkes als selbständige Werke vorhanden waren, wie der Roman, der dem Drehbuch zugrunde gelegt worden ist, das Drehbuch selbst und die Filmmusik": aaO. Begründung, S. 217.

[30]) Vgl. aaO. Begründung S. 214. Der Regisseur (§ 96) steht im Rahmen des Leistungsschutzrechts, wenn auch eine Stufe höher als die anderen Filmschaffenden (siehe aaO. Begründung S. 223). Pfennig aaO. S. 178 äußerst Bedenken gegen eine rechtliche Sonderstellung des Regisseurs.

der Realisierung des Films beteiligten Person zu identifizieren [31]) — immerhin würde diese Schwierigkeit, wie oben dargelegt wurde, auf die Regie nicht zutreffen —, oder mit rechtlichen Verwicklungen und mit der rechtlichen Unsicherheit in der Verwertung des Filmwerkes [32]), oder endlich mit dem vorgesetzten Ziele, das Urheberrecht am Film ausschließlich dem Hersteller einzuräumen: stets besteht die große Inkongruenz zur Qualifizierung des Films als eines „Geisteswerkes", das in allen Ländern und in allen Systemen der charakteristische Ausdruck der geistigen Schöpfung ist. Der Film wäre, wenn die Werke, die für ihn verwendet werden, keine konstitutiven Teile des Films, und wenn die Tätigkeiten, durch die der Film entsteht, keine schöpferischen Leistungen darstellen, ein Erzeugnis, das keinen Anspruch darauf erheben kann, „Geisteswerk" zu sein.

5. Beiträge. — Wenn die Regie ein für das Filmwerk notwendiges schöpferisches Element ist, ist sie jedoch weit davon entfernt, das einzige zu sein: andere strömen hinzu, aber welche und in welcher Weise und in welchem Verhältnis, das alles ist noch Gegenstand von Meinungsverschiedenheiten in der Lehre und von Uneinigkeit in den Gesetzen.

a) An erster Stelle steht das Problem des schöpferischen oder nicht schöpferischen Charakters solcher Arbeiten, die im Zusammenwirken mit der Regie und stets unter deren Leitung, unmittelbar dazu beitragen, die Form des filmischen Ausdrucks zu realisieren [33]). Es

---

[31]) Vgl. darüber aaO. Begründung S. 218, wo als mögliche Erbringer filmschöpferischer Leistungen genannt werden: der Regisseur, einzelne Darsteller, der Cutter, der Beleuchter, der Bühnenbildner, der Hersteller und andere. Für alle diese Personen lasse der Film nicht erkennen, von wem die schöpferischen Beiträge herrühren. „Häufig werden die einzelnen Mitwirkenden selbst nicht wissen, was sie an schöpferischen Leistungen beigetragen haben." Das Letztere ist jedoch mit Sicherheit nicht der Fall beim Regisseur, dem derselbe Referenten-Entwurf eine überragende Stellung im Vorgang der Entstehung des Filmwerkes zuerkennt. Der Regisseur, so heißt es, „leistet bei der Schaffung eines Filmwerkes den Hauptanteil bei der Umwandlung des literarischen Filmstoffes in das Bildliche. Er bringt im Filmwerk seine künstlerische Auffassung zur Geltung und prägt ihm häufig seinen Stil auf." (aaO. Begründung S. 223) — Für den filmschöpferischen Charakter der Tätigkeit des Regisseurs spricht sich aus: Werhahn, aaO. S. 192 f. Darüber, daß bei Anerkennung der schöpferischen Leistung des Regisseurs andere schöpferische Leistungen, wie die Werte der Photographie, des Vortrags, des Drehbuchs usw. nicht negiert werden s. Barbaro, aaO. S. 22.

[32]) Vgl. aaO. Begründung S. 219 und 221.

[33]) Desbois, aaO. S. 235 bezeichnet sie als „concours contemporains de la prise de vue". — Der *deutsche* Referenten-Entwurf, Begründung S. 213 spricht von den „bei der Aufnahme und Fertigstellung des Films mitwirkenden Personen". — Roeber, Die Urheberschaft am Film, 1956, verwendet für diesen Personenkreis den Ausdruck „Filmschaffende" unter Hinweis darauf, daß sich die Bezeichnung „Filmschaffen" für den Vorgang der Herstellung des Filmwerkes durchgesetzt habe und die urheberrechtliche Bedeutung dieses Vorganges zum Ausdruck bringe (aaO. S. 13).

handelt sich um verschiedene, vielfältige und durch verschiedene Kompetenzen gekennzeichnete Tätigkeiten, von denen einige nicht nur besondere technische Anlagen, sondern auch künstlerische Intuition [34]) verlangen. Für ihre Qualifikation, sei sie schöpferisch, sei sie es nicht, können verschiedene Methoden [35]) oder verschiedene Kriterien von größerer oder geringerer Tragweite befolgt werden: wie auch immer verfahren werde, es bleibt eine Ungewißheit und folglich für den Gesetzgeber die Freiheit zur Entscheidung.

Vor allem sind zwei Möglichkeiten gegeben. Entweder ist die Individualität der Leistung bestimmend, so daß z. B. außer in der Regie schöpferische Leistungen auch in der Interpretation der Hauptdarsteller, in den Aufnahmen des Kameramannes und im Schnitt liegen können, oder aber bestimmend ist, daß die künstlerische Leistung überwiegt, weil sie alle Akte der filmischen Realisierung beherrscht und prägt und diese in sich aufnimmt, wie das seinen Niederschlag in einigen Gesetzen gefunden hat, die unter den Tätigkeiten, die auf die Realisation gerichtet sind, die schöpferische Qualifikation nur der Regie zuerkennen [36]).

---

[34]) Für die Aufzählung solcher Personen im Sinne des *deutschen* Entwurfs, s. oben Anm. 31. — Ausführliches Verzeichnis derjenigen, die an den Dreharbeiten („tournage") teilnehmen s. bei Plaisant aaO. Fasc. 17 Nr. 23.

[35]) Für die Unterscheidung zwischen „Kategorienmethodik" und „Fallmethodik" s. erstmals bei Georg Roeber, Das Filmrecht und die Frage seiner Reformbedürftigkeit. 1933. S. 30 ff; jüngstens bei Carl Haensel, Leistungsschutz oder Normalvertrag, Hamburg 1954. S. 95.

[36]) So für das *italienische* Gesetz: Art. 44; für das *französische* Gesetz: Art. 14; für das *ägyptische* Gesetz: Art. 31, das ausdrücklich zur Bedingung macht, daß die Regie oder die künstlerische Leitung eine tatsächliche Kontrolle und eine positive Mitwirkung zur Realisation in sich schließt. Daß unter allen an der Realisation Mitwirkenden, also unter allen Teilnehmern an den Dreharbeiten wie u. a. Darsteller, ausübende Musiker, Kameramann, Architekt, Bühnenbildner, Ton- und Schnittmeister, nur die Tätigkeit des Regisseurs für die Anerkennung des schöpferischen Charakters in Erwägung gezogen werden kann, scheint auch Ulmer in GRUR 1955, 521 einzuräumen. Eine weit größere Bereitwilligkeit zur Anerkennung einer Kombinationslösung, mehr noch als in der Rechtsprechung (für diese s. z. B. Cour d'Appel de Paris, 14. Juni 1950 in Diritto di Autore 1951, 409, wonach die Miturheberschaft beim Film auf den Regisseur, den Drehbuchverfasser und den Komponisten beschränkt ist), findet sich in der *französischen* Lehre. So neigt Desbois, aaO. Nr. 198 f. dazu, als Miturheber des Films auch den Cutter und vor allem die Darsteller im „Star"rang (vedettes) zu betrachten. Solche „Stars" entwickeln beim Film Eigenschaften, die verschieden von jenen der Bühnenschauspieler sind. Vgl. Greco, Collaborazione creativa Nr. 4 Anm. 27; Formiggini, Rilievi sulla comunione nel diritto di autore, Temi Emiliana 1937, S. 8 f. des Auszugs. Vgl. außerdem für die *französische* Rechtswissenschaft: Le Tarnec, aaO. Nr. 220, 221, und noch Desbois in „Revue trimestrielle de droit commercial", 1955, 581. — Ein Urheberrecht für die Filmdarsteller wird bereits nach geltendem Recht für gewöhnlich in *Deutschland* verneint und diesen statt dessen nur ein Leistungsschutzrecht zugesprochen, das letztere nach Meinung einiger Verfasser auch nur dann, wenn die Darstellung individuelle Züge von Originalität aufweist: so Benkard in GRUR 1955, 162. Anders: Roeber in UFITA Bd. 18 (1954) S. 10 und „Die Urheberschaft am Film" (1956) S. 24 ff. — Das *österreichische* Gesetz läßt, dem Fallprinzip entsprechend (s. oben Anm. 35), offen, welche schöpferischen Tätigkeiten

b) Eine andere Streitfrage gruppiert sich um die Beiträge literarischer oder musikalischer Art, wie sie für das Filmwerk benutzt werden und betrifft das Verhältnis, in dem solche Beiträge zum Filmwerk stehen.

Daß es außer den eigenen Elementen der filmischen Realisation noch einiger anderer bedarf, die Werke einer scheinbar anderen Art der schöpferischen Geistestätigkeit sind, vor allem literarischer Art, jedoch regelmäßig auch der Musik, ist eine Tatsache, die für die eigentlichen Filmwerke, d. h. für Phantasiefilme (s. oben Nr. 4), niemand bestreitet.

Literarische Beitragstypen sind: das Originalwerk, das Exposé, das Treatment und das Drehbuch, das letztere mit dem Dialog [37]). Wenn auch diese Unterscheidungen feststehen, ist doch die Selbständigkeit solcher Beiträge oder einiger davon relativ und bestritten: so lassen sich Treatment und Dialog auch dem Bereiche des Drehbuchs zurechnen [37a]).

Diese literarischen Elemente können wie auch die musikalischen Elemente gegenüber dem Film eine unterschiedliche Stellung einnehmen. Es gibt Werke, die für andere Zwecke geschaffen worden sind, die aber später filmisch benutzt werden, wofür es einer schöpferischen Anpassung bedarf. Nur durch diese Vermittlung fließen sie dem Film zu [38]). Andererseits gibt es Werke, die von erster oder zweiter Hand — im letzteren Falle abgeleitet, wie die vorerwähnten Formen einer Bearbeitung für andere Zwecke bestimmt gewesener Werke — aus Anlaß und für die Zwecke des Films und nach dessen Anforderungen und Merkmalen, geschaffen worden sind, wie dies typisch für das Drehbuch ist; solche Werke sind dazu bestimmt, unmittelbar in den Film einzugehen, in der gleichen Weise wie die der Rea-

---

im Film zusammenfließen und beschränkt sich darauf, als Urheber zu betrachten, wer an der Schaffung eines gewerbsmäßig hergestellten Filmwerks derart mitgewirkt hat, daß „der Gesamtgestaltung des Werkes die Eigenschaft einer eigentümlichen geistigen Schöpfung zukommt" (§ 39 Abs. 1). Peter aaO. S. 117 unterscheidet für die Lösung im Einzelfall zwischen drei Gruppen: die erste enthält bedingungslos den Drehbuchverfasser, den Regisseur und dem Filmbildner (Architekt?); die zweite solche Schauspieler, die dem Film die Note ihrer Persönlichkeit verliehen haben; in der dritten alle anderen (Kostümbildner, Außenrequisiteur, Aufnahmetechniker, Kameratechniker, Tontechniker, Filmcutter), jedoch nur, soweit ihre Leistung ausnahmsweise dem Gesamtcharakter des Filmwerkes ihren Stempel aufdrückt.

[37]) Für diese Unterscheidung s. die Ausführungen von A. Gianini in „Il diritto di autore" 1950, 455 f.

[37a]) Das *italienische* Gesetz, Art. 44, beschränkt die literarischen Beiträge auf die beiden Kategorien: Stoff („soggetto") und Drehbuch. Vgl. auch Greco Collaborazione creativa, Nr. 6 Anm. 47. — Das *französische* Gesetz hingegen führt in Art. 14 als getrennte Beiträge auf: das Drehbuch, die Bearbeitung und den gesprochenen Text, schließt also den literarischen „Stoff" aus.

[38]) Für die eigenen Merkmale der sog. „abgeleiteten" Werke (elaborazioni; Bearbeitungen; adaptations) vgl. Desbois, aaO. Nr. 9, 86, 137; Greco,

lisierung des Films dienenden schöpferischen Tätigkeiten und können ebenso wie diese im Laufe derselben Realisation Verbesserungen oder weitere Anpassungen erfahren.

Einer bestimmten Doktrin zufolge, die in jenen Gesetzen und Gesetzesentwürfen ihre Bestätigung findet, die nur dem „Hersteller" das Urheberrecht am Filmwerk zuerkennen, sind alle literarischen und musikalischen Werke, gleichviel ob sie für andere als filmische Zwecke oder ob sie eigens für filmische Zwecke geschaffen worden sind, nur filmisch benutzte Werke. Sie wären einheitlich als vorbestehende Werke vom Filmwerk zu unterscheiden [38a]). Sie würden wohl zu Zwecken des Films benutzt werden. Das Ergebnis der Benutzung aber sei, daß sie im Vorgang der Realisation des Films als Werke absorbiert werden. Nur die schöpferischen Elemente dieses Vorganges wären in der Lage und würden auch genügen, dem Filmwerk den Charakter des Geisteswerks aufzuprägen [39]).

Wie man sieht, ähnelt diese Gedankenführung in entgegengesetzter Richtung jener, die das Filmwerk literarisch, insbesondere im Drehbuch, auflöst. Sie erscheint so wenig wie jene, vielleicht noch weniger als sie, begründet.

Daß die Werke, die nicht für den Film geschaffen und nicht unmittelbar, sondern nur durch Bearbeitung für den Film benutzt

---

I diritti sui beni immateriali. 1948. Nr. 79 f. und in „Il diritto di autore". 1954, 1 f. Nr. 3; Renauld, Droit d'auteur et contrat d'adaptation. 1955 insbes. S. 30. Zutreffend hebt Ulmer, Urheber- und Verlagsrecht S. 99, hervor, daß vom abgeleiteten Werk, in dem sich die wesentlichen Züge des Originalwerkes widerspiegeln, solche Werke unterschieden werden müssen, die von anderen nur angeregt worden sind und daher als Originalwerke („freie Benutzung") und nicht als abgeleitete Werke zu betrachten sind. Es ist außerdem hervorzuheben, daß das Wort „adattamento", „Adaptation", „Anpassung" oft unterschiedlich gebraucht wird, entweder um den Fall einer wirklich schöpferischen Anpassung zu bezeichnen, die zum „abgeleiteten" Werk führt (für welche in den *italienischen* und *deutschen* Gesetzen die Bezeichnung „elaborazioni" = „Bearbeitungen" verwendet wirg), oder den anderen Fall einer einfachen Abänderung oder Nachbesserung, die nur bedingt ist durch technische Anforderungen besonderer Reproduktionsmittel, wie für die Registrierung auf Schallplatten oder auf Filmbändern. So wurde z. B. im Artikel 13 der Romfassung der RBÜ fälschlich von „adaptation" statt „enregistrement" gesprochen; im Text von Brüssel ist die unzutreffende Formulierung in den Absätzen 1 und 4 verbessert worden, jedoch ist sie im Abs. 3 geblieben. Eine irrige Überlegung findet sich auch in § 12 Nr. 5 des *deutschen* LitUG, wo die mechanische Wiedergabe als „Bearbeitung" qualifiziert wird; anders ist es bei § 12 Abs. 2 LitUG, der die Interpretation des ausübenden Künstlers zur Aufnahme auf Platten und ähnlichen Instrumenten als „Bearbeitung" betrachtet, und dem, da die Tätigkeit der Künstler in Wahrheit nur den Gegenstand der „droits voisins" bildet, die Bedeutung einer Fiktion zukommt; vgl. Ulmer, Urheber- und Verlagsrecht § 81, S. 316; Runge aaO. S. 279, 281, 343, 346 f.

38a) S. oben Anm. 29.

39)So insbesondere die Gedankengänge von Roeber, Die Urheberschaft am Film, S. 14. — Betrachtet man das Drehbuch als vorbestehendes Werk, so beginnt die filmschöpferische Tätigkeit überhaupt erst mit den Dreharbeiten des Films. Vgl. dazu die Kritik von Ulmer in GRUR 1955, 519.

werden, nicht selbst als Teile des Filmwerks zu betrachten sind, könnte damit erklärt werden, daß bei ihnen gerade die unmittelbare Beziehung zum Film fehlt. Aber eine solche Beurteilung ginge fehl, einmal aus Gründen des Objekts, sodann hinsichtlich der eigens für den Film geschaffenen oder bearbeiteten Beiträge auch aus Gründen der von diesen Urhebern entfalteten Tätigkeit.

Vom Objekt her zeigt sich, daß der Ausdruck des filmischen Bildes einerseits und der Stoff, das Drehbuch und die Musik anderseits, sich gegenseitig durchdringen und gerade dieses Ergebnisses wegen zueinander in Beziehung gebracht werden. Der Stoff gibt zusammen mit der Handlung und deren Entwicklung dem Film Sinn und Inhalt. Das Drehbuch, das in literarischer Form die Handlung vor allem in chronologischer Folge im einzelnen beschreibt und ausdrückt, ist dazu bestimmt, den Stoff vor das „Objektiv" der Filmkamera zu bringen [40]). Die musikalische Komposition ist mit Melodie, Akkorden und Rhythmen auf den Stoff, die Umgebung, das Szenenspiel abgestimmt und hat dem bildlichen und dem literarischen Ausdruck des Films zur psychologischen Wirkung zu verhelfen [41]). Die eigene Schöpfungskraft solcher unmittelbar für den Film erbrachten Beiträge, vor allem des Drehbuchs, bestimmt auch die Schöpfungskraft des Filmwerks in seiner Gesamtheit.

Die Tätigkeit dieser Beitragsurheber ist auf die Erreichung des gleichen Zwecks gerichtet. Alle Beiträge spiegeln sich im einheitlichen Filmwerk wider. Die Leistung jedes einzelnen steht in Wechselbeziehung zur Leistung der anderen. Die verschiedenen Elemente erwachsen einem gemeinsamen Impuls. Ein solches Handeln charakterisiert sich, wenn, wie gewöhnlich, die verschiedenen Elemente den Leistungen mehrerer Urheber angehören, rechtlich als Miturheberschaft. Dafür bedarf es weder einer unmittelbaren Fühlungnahme unter allen Mitarbeitern noch ihres Zusammentreffens für die Dauer solcher Arbeiten [42]).

[40]) Über die enge Beziehung zwischen dem Drehbuch und der Realisierung des Films, insbesondere zur Regie s. oben Anm. 20 und allgemein die in Anm. 18 angeführten Verfasser. Desgl. s. Moravia in „Rivista di diritto industriale". 1955. I, 115. Ferner Ulmer im Sinne eines Überwiegens des Drehbuchs in der Schöpfung des Films.

[41]) Über die Funktion der Musik als Ergänzung der einheitlichen Wirkung des Films, s. Aristarco aaO. S. 68, Anm. 1, S. 69 f., S. 107, Anm. 2, S. 194 und dortige Bezugnahmen. Auch wer in der *deutschen* Lehre auf Grund der Bestimmung des § 5 LitUG leugnet, daß rechtlich die Musik mit den anderen schöpferischen Elementen des Films, insbesondere mit dem Drehbuch, ein einheitliches Ganzes bildet, wird zugeben müssen, „daß hier eine besondere Kunstform gegeben ist, die sich in ihrer Gestaltung nicht einfach aus verschiedenen Komponenten mosaikartig zusammensetzt, sondern nach einer eigenen Gesetzmäßigkeit gestaltet wird": so Runge, aaO. S. 260 f.; dort auch Bezugnahme auf die Einheitstheorie von Elster und anderen Verfassern.

[42]) Benötigt wird nicht, wie Tournier aaO. S. 21 treffend sagt, daß Gemeinschaftsarbeiten „sous la lampe" stattfinden. Vgl. Desbois, aaO. Nr.

Aus den vorausgegangenen Überlegungen können zwei grundlegende Schlüsse gezogen werden:

a) Wer die Regie als filmschöpferischen Beitrag ablehnt, stellt sich außerhalb der Wirklichkeit. Das gleiche tut, wer die literarischen und musikalischen Beiträge, insbesondere das Drehbuch, aus dem Filmschaffen ausklammert.

b) Mit der Teilnahme der einen wie der anderen Elemente an der Schöpfung des Filmwerks zeigt sich, daß dieses Werk über eine Struktur verfügt, die es als ein zusammengesetztes Werk kennzeichnet.

II. Das Filmwerk als zusammengesetztes Werk

6. Formen von Werkkombinationen. — In der Regel werden den Geisteswerke mit zusammengesetzter Struktur nicht in den allgemeinen Klassifizierungen aufgeführt, die den Urheberrechtsgesetzen im einleitenden Teil oder manchmal im letzten Teil (wie im englischen Copyright Act, 1911, Ziff. 35, jetzt Ziff. 48 des Copyright Act. 1956) beigegeben werden. Die Unterscheidungen sind zumeist auf den alleinigen Fall des Kollektions- oder Sammelwerks gerichtet: die *recueils, Sammelwerke, Collective Works.* Dieser Fall ist übrigens nicht einmal einheitlich in den Gesetzen der einzelnen Länder entschieden [43]). Dem einheitlichen Aufbau des Ganzen kommt

---

170 f., Nr. 198, Nr. 650 f.; Gerard, Les auteurs de l'œuvre cinématographique et leurs droits. Paris 1953; Castelain, in „Le droit d'auteur" 1954, 28; Greco Collaborazione creativa Nr. 4; Cour d'App. Paris 7. Juli 1956 in „Revue internationale du droit d'auteur" 1956. XIII, 167. — Gegen die Annahme und die Konstruktion von Formen einer Miturheberschaft beim Film: Roeber, Die Urheberschaft am Film. S. 16 ff. Roeber läßt Miturheberschaft nur bei einem gewollten Zusammenwirken innerhalb der gleichen Kunstgattung gelten und verneint das Vorliegen dieser Voraussetzungen beim Filmschaffen. Die Beiträge seien ihrer Art nach verschieden, und sie würden auch zu verschiedenen Zeiten erbracht. Wenn die Dreharbeiten beginnen, sei die Tätigkeit des Drehbuchverfassers beendet; auch Drehbuchverfasser und Komponist schafften nicht gemeinsam: „sie schaffen ohne gegenseitiges Einverständnis getrennt voneinander und nacheinander." Die Vorstellung von einer „collaboration" im Sinne des *französischen* Rechts sei dem *deutschen* Rechtsdenken fremd. — Darüber, daß Miturheberschaft auch vorkommen kann, wenn die Urheber getrennt voneinander ihre Beiträge geschaffen haben, s. in „Le droit d'auteur", 1955, 163. Kürzlich: Lyon-Caen und Lavigne, Traité, Nr. 262 f.

[43]) Für das *italienische* Gesetz: Art. 3; für das *deutsche* Recht: LitUG § 4 und KSchG § 6 sowie Referenten-Entwurf 1954, § 3; das *tschechoslowakische* Gesetz vom 22. Dez. 1953, § 6 (s. Karel Knap, Das neue Urheberrechtsgesetz der Tschechoslsowakei. Heft 2 der Schriftenreihe der UFITA. 1956). — Bei Art. 2 Abs. 3 RBÜ Brüsseler Fassung handelt es sich um die Sammlung von Werken oder Werkteilen — wie in den typischen Fällen von Enzyklopädien, Anthologien, Zeitungen, periodischen Zeitschriften —, wobei ein beschränktes Maß an schöpferischer Tätigkeit ausreicht, um die Aufgabe der Auswahl oder (und) Anordnung des Stoffes zu erfüllen. Über die Merkmale

ein hier viel geringerer organischer Charakter zu als bei Werken mit einer zusammengesetzten Struktur. Es genügt die Tätigkeit der Auswahl und der Anordnung.

---

eines solchen Aufbaues treffen noch immer die Ausführungen von Kohler, Urheberrecht an Schriftwerken und Verlagsrecht. Stuttgart 1907. § 40, § 44 zu. Im gleichen Sinne wird der § 6 des *österreichischen* Gesetzes ausgelegt; vgl. Peter, aaO. S. 38. — An sich wäre das Zusammentreffen sowohl der Auswahl als auch der Anordnung verständlich, denn die Auswahl allein kann keine ausreichende Bedingung für das Entstehen eines Geisteswerkes abgeben (s. zuletzt Cassazione italiana, 20. Sept. 1954 in „Il diritto di autore", 1955, 454). Nach dem *deutschen* Referenten-Entwurf 1954 reicht jedoch eine dieser Tätigkeiten allein schon aus (§ 3: Auslese „oder" Anordnung), ebenso nach dem *französischen* Text der Brüsseler Fassung der RBÜ Art. 2 Abs. 3: „par le choix *ou* la disposition", nicht so nach dem *englischen* Text, der genau sagt: „by reason of the selection *and* arrangement". Die *deutsche* Rechtslehre scheint das Zusammentreffen beider Eigenschaften zu verlangen: Ulmer aaO. § 22 S. 104 f. — Weiter gefaßt war der Begriff der „collective works" im *englischen* Copyright Act, 1911, Ziff. 35 Abs. 1: darin waren außer den Enzyklopädien, Zeitungen und Zeitschriften auch solche Werke einbeschlossen, die sich aus Arbeiten verschiedener Verfasser zusammensetzen, oder denen Werke verschiedener Verfasser einverleibt sind, also die oben im Text behandelte Art der zusammengesetzen Werke (Sammelwerke). Die Ansicht, daß die „Sammelwerke" eine Kategorie für sich sind, ist jedoch im neuen Copyright Act 1956 fallen gelassen worden: s. Report, Nr. 37. — Eine Definition des Sammelwerkes wird auch im Art. 9 Abs. 3 des *französischen* Gesetzes vom 11. März 1957 gegeben:

> „Est dite collective, l'œuvre créée, sur l'initiative d'une personne physique ou morale qui l'édite, la publie et la divulgue sous sa direction et son nom et dans laquelle la contribution personelle des divers auteurs participant à son élaboration se fond dans l'ensemble en vue duquel elle est conçue, sans qu'il soit possible d'attribuer à chacun d'eux un droit distinct sur l'ensemble réalisé."

Es ist nicht einfach, die Art des Werkes festzustellen, dem diese Definition zukommen soll. Es kann sich nicht um *„recueils"* handeln, denn bei diesen erfolgt eine Zusammenstellung und keine Verschmelzung der Werke oder der Werkteile. Auch müssen nicht die verschiedenen Verfasser an der Ausarbeitung des Sammelwerkes teilnehmen, denn sie können, wie dies bei den Anthologien vorkommt, bereits eigene Werke, unabhängig von der Absicht, sie zu sammeln, geschaffen haben. Außerdem steht gemäß den vorerwähnten Gesetzen und der RBÜ das Urheberrecht am Sammelwerk nicht den Urhebern der darin aufgenommenen Werke zu. Dies hat seinen Grund nicht in der Unmöglichkeit, ihnen „un droit distinct sur l'ensemble" beizumessen — was eine Urhebergemeinschaft nach Bruchteilen bedeuten würde —, sondern weil sich der eigene schöpferische Charakter des Sammelwerkes in der Tätigkeit der Auswahl und der Anordnung zeigt und daher das Urheberrecht am Ganzen nur dem zusteht, der diese Tätigkeit ausübt; den Beitragsverfassern hingegen verbleibt das Recht an den aufgenommenen Beiträgen und deren gesonderter Nutzung. Nicht klar erscheinen die in der kargen *französischen* Lehre feststellbaren Erklärungen, die sich bis jetzt mit der neuen *französischen* Gesetzesdefinition beschäftigt haben. Nach Le Tarnec, aaO. könnten, wenn der Begriff des Sammelwerkes weit gefaßt würde, auch die abgeleiteten Werke einbeschlossen werden (Nr. 198); der Begriff mußte aber allmählich beschränkt werden, um ihn so auf Werke der Gemeinschaftsarbeit im allgemeinen und Filmwerke im besonderen anzuwenden (Nr. 207), bis man zu dem im damaligen Entwurf (Nr. 208) und jetzigen Gesetz gebrauchten Begriffe gelange. Desbois, aaO., Nr. 180, beschränkt sich darauf, festzustellen, daß es sich um eine „définition si rigoureuse que l'application en sera très rare" handelt und nimmt an, daß die Verfasser des Entwurfs den Fall des Dictionnaire de l'Académie im Sinne hatten „qui résulte effectivement d'un travail *commun* et concerté entre tous les membres pour chacun des mots."

Wenn auch in einigen Gesetzen davon abgesehen wird, innerhalb der allgemeinen Klassifikation die Art des zusammengesetzten Werks zu erwähnen, regeln sie doch solche Werke, wie in Gestalt dramatisch-musikalischer Werke und in Gestalt von Filmwerken [44]).

Andere Gesetze wiederum trennen zwischen Sammelwerken und „Werkverbindungen" [45]). Im Unterschied zum Sammelwerk bestehen die „verbundenen" Werke nur getrennt voneinander [46]), und jeder Urheber hat Rechte nur an seine Werke. Es gibt weder ein Gesamtwerk noch ein einheitliches Recht [47]). Selbst aber für solche Formen der „Werkverbindung" läßt der deutsche Referenten-Entwurf von 1954 das Bestreben erkennen, einen Gemeinschaftsanspruch zu schaffen, besonders wegen der Beziehungen zum „droit moral", und zwar dergestalt, daß es der Zustimmung aller Urheber bedarf, um die „verbundenen" Werke zu veröffentlichen, zu ändern und zu verwerten sowie sonst darüber zu verfügen. Jeder Urheber soll berechtigt sein, von dem anderen die Einwilligung zu verlangen, wenn sie dem anderen nach Treu und Glauben zuzumuten ist [47a]). Aber eine solche Zumutbarkeit wird auch im Falle der Miturheberschaft anerkannt und dies in richtiger Beurteilung des „droit moral" und des persönlichen Charakters des Urheberrechts [48]).

---

[44]) Das *italienische* Gesetz betrachtet dramatisch-musikalische Werke, musikalische Kompositionen mit Text, choreographische Werke und Pantomimen als aus mehreren Teilen „zusammengesetzte" Werke, desgleichen die Filmwerke. Es bestimmt den Wert der Teile im Verhältnis zum gesamten Wert des Werkes und regelt die Vergebung der Rechte zwischen den Urhebern. Vgl. Art. 34 Abs. 3 und 4, Art. 35, 36 Abs. 2, Art. 49 und 50.

[45]) Im *deutschen* Recht: § 5 LitUG und § 7 KSchG; jetzt auch § 7 des Referenten-Entwurfs 1954; vgl. § 11 Abs. 3 des *österreichischen* Gesetzes von 1936.

[46]) Die Doktrin in Ländern mit solchen Gesetzen läßt bei verbundenen Werken Miturheberschaft nur zu, wenn der Urheber des einen Werkes auch zur Schöpfung des anderen beigetragen hat; so z. B. wenn in der lyrischen Oper der Komponist mit seinem schöpferischen Beitrag zu der Bildung des Textbuches beigetragen hat oder umgekehrt. Es ist jedoch ein spezifischer Beitrag erforderlich; der gegenseitige Einfluß des einen Werkes auf das andere würde nicht genügen. In diesem Sinne Runge, aaO., S. 52; Peter, aaO., S. 56.

[47]) Der Grund zur Ablehnung eines Gesamtwerkes und eines einheitlichen Gesamtrechts wird, obwohl die Einheit der künstlerischen Wirkung der Verbindung zugegeben wird, darin gesehen, daß sich die einzelnen Werke trennen lassen. Vgl. Ulmer, Urheber- und Verlagsrecht, § 22 S. 101; Runge, aaO., S. 51; Peter, aaO. zu § 11 S. 54 f. Zur Kritik siehe oben im Text.

[47a]) § 7 Referenten-Entwurf

[48]) § 6 Referenten-Entwurf regelt die Miturheberschaft und bestimmt in Abs. 2: „Ein Miturheber darf seine Einwilligung zu einer gemeinsam zu treffenden Maßnahme nicht verweigern, wenn das Unterbleiben der Maßnahme den anderen Miturhebern nach Treu und Glauben nicht zuzumuten ist. Jeder Miturheber ist ermächtigt, Verletzungen des gemeinsamen Urheberrechts geltend zu machen." — Ebenso: Art. 10 Abs. 3 des *italienischen* Gesetzes; Art. 6 des *belgischen* Gesetzes von 1886; Art. 7 des *schweizerischen* Gesetzes; § 11 des *österreichischen* Gesetzes. Über die besondere Gestaltung der Gemeinschaftslage zwischen den Miturhebern s. oben im Text.

Eine Definition der „Werkverbindung“ fehlt, wie sich auch ein begrifflicher Unterschied zum Sammelwerk nicht erkennen läßt [49]). Sicher ist, daß die „Verbindung“ auch Werke einzubeschließen vermag, die als „zusammengesetzt“ qualifiziert werden müßten, wie dies aus den Beispielen der dramatisch-muskalischen Werke [50]) und auch der Filmwerke [51]) hervorgeht.

Bemerkt sei, daß für die Regelung der Form des Filmwerks das Schema der verbundenen Werke vom deutschen Referenten-Entwurf 1954 nicht übernommen worden ist. Der Entwurf hat die Einheit dieser Werke anerkannt und das Recht an einer solchen Einheit dem „Hersteller“ zugesprochen.

Einen weiteren Gesichtspunkt für die Unterscheidung im Aufbau der Geisteswerke bietet das neue französische Gesetz, das die Form der „œuvre composite“ im Rahmen der allgemeinen Klassifikation neben die Formen der „œuvre collective“ und der „œuvre de collaboration“ stellt, nur daß — abgesehen von den Vorbehalten, die gegenüber der Auffassung von der „œuvre collective“ zu machen sind (vgl. Anm. 43) — das um die Systematik erworbene Verdienst, den Typ der *œuvre composite* anerkannt zu haben, durch die gesetzliche Definition:

> „Est dite composite, l’œuvre nouvelle à laquelle est incorporée une œuvre préexistante sans la collaboration de l’auteur de cette dernière“ (Art. 9 Abs. 2).

wieder gemindert wird. Diese Definition offenbart eine allzu merkwürdige und einschränkende Auffassung, die nicht begründet erscheint, weder was den Ausschluß der Mitarbeit noch was den Fall der Einfügung betrifft [52]).

Gegen den Ausschluß von „Mitarbeit“ sprechen zwei Überlegungen: das *subjektive* Kriterium der Schöpfung, die eine Mehrheit von Urhebern zuläßt, wenn diese dazu beigetragen haben, das Werk zu

---

49) Tatsächlich wird die innere Beziehung beider von der Rechtslehre zugegeben, z. B. von Ulmer, Urheber- und Verlagsrecht, § 22 S. 104, für den die Sammelwerke „Werkverbindungen besonderer Art“ sind. Warum jene eine Einheit bilden, nicht aber die anderen, bleibt dunkel.

50) So im *deutschen* Recht durch § 5 LitUG; im *österreichischen* Recht durch § 11 Abs. 3 des Gesetzes von 1936; durch § 7 Abs. 2 des Referenten-Entwurfes 1954 für die *deutsche* Rechtsreform.

51) Für den Fall, daß das musikalische Werk und der Film als „verbundene Werke“ betrachtet werden: § 11 Abs. 3 des *österreichischen* Gesetzes.

52) Die *französische* Lehre gibt keine Aufschlüsse über die Definition des Art. 9 Abs. 2 (bereits in den vorhergehenden Entwürfen enthalten). Le Tarnec, aaO. Nr. 208, glaubt, daß sich der Begriff auf „une forme d’œuvre derivée“ bezieht, desgl. Desbois, aaO. Nr. 180 („une œuvre née d’une adaptation d’œuvre préexistante“). Anders Plaisant, aaO. Fasc. 6 Nr. 31, der bemerkt, daß „il n’y a pas inspiration et adaptation comportant un renouvellement partiel, mais seulement juxtaposition“.

schaffen, und das *objektive* Kriterium der Zusammensetzung, wenn das neue Werk, das man definieren will, aus mehreren anderen Werken oder aus Teilen anderer Werke besteht. Es handelt sich dabei um zwei *verschiedene* Kriterien, deren eines *ohne* das andere gegeben sein kann, so ein Werk mit einfacher und homogener Struktur, das, wie ein Roman oder ein Drama, trotzdem in Mitarbeit zweier Urheber geschaffen wird oder um ein zusammengesetztes und grundverschiedenes Werk, wie z. B. eine Oper, das nur dann *nicht* in Mitarbeit geschaffen wird, wenn die Musik und das Textbuch von ein und demselben Urheber herrühren [53]).

Bei dem Merkmal der „Einfügung" bleibt zu bedenken, daß eine Einheit, die man als „zusammengesetzt" bezeichnet, eine organische Verbindung zwischen mehreren anderen „einfachen" Einheiten ist, deren jede schon ihre eigene (physische, ökonomische, ästhetische usw.) Individualität hat, und die somit zu einem Bestandteil wird. Daraus geht hervor, daß es ebenso eine „zusammengesetzte" Sache wie ein „zusammengesetztes" Werk gibt, nicht nur aus Gründen der Einfügung (einer kleineren Einheit in eine größere Einheit), sondern auch aus Gründen der Verbindung [53a]).

Weder die Mängel der Definition der „zusammengesetzten Werke" im neuen französischen Gesetz noch das Fehlen der Figur im italienischen Gesetz haben verhindert, daß das Filmwerk von diesen Gesetzen genauso behandelt wird, wie ein einheitliches Werk mit zusammengesetzter Struktur.

---

[53]) Es ist nicht leicht zu erklären, wie sich in den *französischen* Entwürfen die oben kritisierte Vorstellung festsetzen konnte. Die herrschende Lehre, angefangen bei den großen Urheberrechtlern des vorigen Jahrhunderts, ist sicherlich nicht dafür verantwortlich, noch hat sie je daran gedacht, den Gemeinschaftswerken (Miturheberschaft) irgendeine Art von Werken mit objektiv vielfältigem Aufbau entgegenzustellen, also weder Sammelwerke noch „œuvres composites". S. z. B. Pouillet, Traité de la propriété littéraire et artistique. 1894 Nr. 106 f.; Desbois, aaO., der korrekt die Mitarbeit in bezug auf die Qualifikation der Subjekte, die als Urheber zu betrachten sind (Teil 1, Kap. IV und V), behandelt und nicht in bezug auf die Qualifikation der Werke (1. Teil, Kap. I — III). Es fehlt jedoch nicht an neueren Vertretern, die der obigen Gegenüberstellung verfallen sind, s. z. B. Saporta, aaO. S. 309 f., der sogar glaubt, daß in einem gewissen Augenblick, nämlich mit der Abnahme der sog. Musterkopie, das Filmwerk aus einem Werk der Mitarbeit zu einem Sammelwerk wird. Anders: Lyon Caen u. Lavigne, aaO., Nr. 252.

[53a]) Plaisant, aaO. Fasc. 6 Nr. 22 und Fasc. 17 Nr. 39 schließt aus, daß das Filmwerk als eine œuvre *composite* betrachtet werden kann, da in ihm eine Verschmelzung vor sich geht und, von Ausnahmefällen (vorher geschaffene Musik und Drehbuch) abgesehen, nicht eine eigentliche Einfügung der literarischen und musikalischen Beiträge erfolgt. Das scheint nicht richtig zu sein, denn die eigene Individualität solcher Beiträge. auch wenn diese *ad hoc* geschaffen wurden, um sich untereinander und mit den Elementen des filmischen Ausdrucks (Realisation) zu verbinden, verschwindet nicht in der Einheit des filmischen Gesamtwerkes. Es ergibt sich daher jene Einheit, die der zusammengesetzten „Sache" eigen und für diese charakteristisch ist, nicht jene der Verschmelzung. Die genannten Beiträge bleiben auch getrennt nutzbar, ohne daß sich dadurch das Werk als ein einheitliches Ganzes auflöst.

7. Zur Einheit des zusammengesetzten Werkes. — Wenn wie beim Filmwerk, die Struktur eines Geisteswerkes geprüft werden soll, die sich aus der Vereinigung mehrerer Teile ergibt, deren jeder mit einer eigenen Individualität ausgestattet ist, und wenn festgestellt werden soll, ob und wie ein einheitliches Recht des Urhebers am Ganzen existiert, wem dieses Recht zusteht, ob es ganz die Rechte an den einzelnen Teilen absorbiert oder ob es die Teile auf irgendeine Art rechtlich daneben bestehen läßt, erscheint es nicht unangebracht, diese Fragen auf Grund eines Vergleiches mit der Rechtsdisziplin der *zusammengesetzten Sache* zu behandeln [54]).

Beide Fälle weisen unleugbare und auch erhebliche Unterschiede auf, die sich aus dem Gegensatz zwischen *körperlichen* und *unkörperlichen* Gütern, zwischen Eigentum und Urheberrecht ergeben: Daher wird auch die rechtliche Behandlung beider Phänomene der „Zusammensetzung" nicht unerheblich voneinander abweichen. Dies rechtfertigt aber noch nicht, wenigstens nicht grundsätzlich, daß, wie es einige vorherrschende Richtungen unter den wichtigsten europäischen Gesetzgebungen tun, die Einheit des zusammengesetzten Werks und eines entsprechenden Urheberrechts nur deswegen negiert wird, weil es nicht alle Auswirkungen zeigt, die der Einheit der zusammengesetzten Sache eigen sind, vor allem nicht die Auswirkungen entsprechend der Art der Rechte, die die einzelnen Teile betreffen. So können Rechte, die für die körperliche Sache verschwinden oder zumindest „ruhen", für das Werk fortdauern und ihre gleichzeitige Wirksamkeit nach dem Prinzip der getrennten Benutzung bewahren.

Es dürfte angebracht sein, den logisch-rechtlichen Begriff der zusammengesetzten Sache vorauszuschicken, wie er in der lateinischen und deutschen Überlieferung [55]), im Gegensatz zum Begriff der *einfachen* Sache, umrissen ist und sich erhalten hat. Er ist in solchem Gegensatz nicht bloß sinnverwandt mit dem Phänomen der Verbindung unter mehreren körperlich verschiedenen Einheiten, sondern hat auch die Bedeutung einer besonderen Hypothese in bezug auf jene Art von Zusammenfügung, die bei Gegenständen vorkommt,

---

[54]) Für diesen Vergleich schon Kohler, aaO. § 47; Greco, Collaborazione creativa, Nr. 1 bis 3.

[55]) Sei es auch nach nicht ganz gleichartigen Gesichtspunkten, in den bürgerlichen Gesetzbüchern *Italiens* (Art. 939, Ges. 1942; schon Art. 464 bis 467, 469, 473 Bürg. Ges. von 1865); *Frankreichs* (Art. 566 bis 569, 572, 575); der *Schweiz* (Art. 642, 727); *Deutschlands* (§ 93, 94, 947, 949, 951). — Für das römische Recht wurde die Bedeutung der Unterscheidung zwischen einfacher und zusammengesetzter Sache, entgegen der Verneinung durch Perozzi, von Bonfante, Istitutioni di diritto romano, § 78, hervorgehoben.

von denen jeder eine eigene, vom anderen verschiedene begriffliche und funktionelle *Individualität* aufweist [56]), die nicht auf ein rein quantitativ stärkeres Ergebnis, sondern auf eine neue Art von Sache hinzielt, in der die Individualität der anderen erkennbar ist [57]), während sich mit Geltung für die einzelnen Gegenstände in deren Bedeutung von Teilen eines Ganzen (Bestandteile) die funktionelle Selbständigkeit nicht äußert [58]). Man pflegt bei diesen Teilen zwischen wesentlichen und unwesentlichen zu unterscheiden. Dies ist aber eine Unterscheidung, die in der Rechtslehre [59]) nicht einheitlich anerkannt ist, gleichwohl kann sie ihren Grund darin haben, daß ohne Teile, die als wesentlich zu betrachten sind, die Einheit und die entsprechende Funktion der neuen Sache ausbleiben, zumindest eine Veränderung oder eine Entstellung erleiden.

Diese Auffassung von der zusammengesetzten Sache und deren Bestandteilen erscheint logischerweise gültig auch für den Fall, daß die Zusammenfügung unter verschiedenen geistigen Schöpfungen erfolgt. Die Erwägung, daß es sich bei diesen letzteren nur um eine *unkörperliche Zusammensetzung* [60]) handeln kann, ist keineswegs unverträglich mit der Tatsache, daß daraus ein neues einheitliches

---

[56]) Wesentlich scheint die Trennung nach begrifflichen Merkmalen zu sein (*suus spiritus*, nach der Terminologie der Quellen), nicht nach der Ungleichartigkeit der zusammengesetzten Teile, wenn auch diese letztere die Unterscheidung der Teile selbst und die Verschiedenheit der Sache als Ergebnis der Vereinigung — und nicht einfache Summierung — bekräftigen kann. Das ist der Gesichtspunkt der *ferruminatio*, die nach den Sabinern zur Annahme einer einfachen Sache führte, weil „per eandem materiam facit confusionem", während die „plumbatura non idem efficit": D., VI de rei vind, 1, 23, 5. Vgl. Ferrini, Manuale di Pandette, 4. Ausg. curata e integrata da G. Grosso, Milano, 1953, Nr. 229, 292 und Anm.; auch: Windscheid, Pandekten § 138, 142, 189.

[57]) Vgl. Ferrara, Trattato di diritto civile italiano. I 1921. Nr. 164, S. 772. Die Möglichkeit des Wahrnehmens und der Unterscheidung der Teile schließt durchaus nicht die Einheit und die rechtlich einheitliche Behandlung des Ganzen, das daraus folgt, aus. Darüber s. unten Anm. 64.

[58]) „Als Teile des Ganzen": darin liegt der Unterschied zur *universitas rerum*, bei der jedes Element im Ganzen und zum Zwecke des Ganzen die eigene funktionelle Autonomie bewahrt (vgl. Barbero, Le università patrimoniali. Milano 1936. S. 96 f.), analog dem Unterschied, wie oben im Text ausgeführt wird, zwischen dem „zusammengesetzten" Werk und dem sog. „Sammelwerk". Man wird auch erkennen, wie es bei den Geisteswerken die Bedingung der Unkörperlichkeit erlaubt, daß die Funktion vom Teil im Ganzen mit einer funktionellen Autonomie verträglich ist, d. h. mit einer getrennten Benutzbarkeit des Teiles.

[59]) Unterscheidung dieser Art vor allem in der *deutschen* Lehre (Rümelin, Iherings Jahrbücher 28, 387), weniger in *Italien*, wo Ferrara, aaO. S. 773, Anm. 5, eine solche Unterscheidung doppeldeutig findet, weil alle Teile der Sache wesentlich zugehören. Mit Bezug auf das zusammengesetzte Geisteswerk s. darüber oben im weiteren Text.

[60]) Übrigens kann auch bei körperlich zusammengestellten Sachen die physische Verbindung fehlen, wie in den gewöhnlich angeführten Beispielen der einzelnen Spielkarten, der Schachfiguren, der Pferde eines Viergespanns: s Ferrara, aaO. S. 773; Barbero, Le università partrimoniali S. 98 f.

Werk abgeleitet werden kann, das verschieden von denen ist, die in ihm verbunden werden, und mit Wirkungen, die für das neue Werk charakteristisch und ausschließlich sind. Man könnte sogar sagen, daß die Unkörperlichkeit der Werke und die Verbindung dieser Werke dem Wirken auf geistigem Gebiet günstig ist.

Es genügt übrigens eine Parallele mit der allgemein anerkannten Einheit und Selbständigkeit des sog. *Sammel*werks gegenüber den einzelnen Werken, die in ihm zusammengefaßt sind, um zu zeigen, wie logisch Einheit und Selbständigkeit *a fortiori* auch für das zusammengesetzte Werk gegenüber seinen Bestandteilen anerkannt werden müssen. Im Sammelwerk, dessen Zweck es nur ist, eine koordinierte Gesamtdarstellung mehrerer Werke zu verwirklichen, besteht das eine getrennt vom anderen, *ex distantibus,* wie die Römer für die *universitates rerum* sagten. Jedes bewahrt im Zusammenhang mit der Sammlung seine eigene Selbständigkeit. Das eine wird vom anderen gesondert aufgenommen und entnommen. Die Bestandteile des zusammengesetzten Werkes dagegen, auch wenn einige von ihnen darin überwiegen[61]), passen sich an, durchdringen und vervollständigen sich gegenseitig, so daß nicht eine Ansammlung oder eine Summierung erfolgt, sondern ein wirkliches und eigenes *Ergebnis* erzielt wird, dem gegenüber die begriffliche und funktionelle Selbständigkeit der einzelnen Teile, die sie, wenn sie einzeln betrachtet werden, besitzen können, latent bleibt. Folglich sind beim zusammengesetzten Werk die darin aufgenommenen Werke nicht einzeln voneinander getrennt, wie beim Sammelwerk, sondern nur Bestandteile eines einheitlichen Ganzen.

Diese Umstände, die die Einheit des zusammengesetzten Werks typisch erweisen, zeigen sich ebenso deutlich bei den dramatisch-musikalischen Werken, wie bei den Werken des Films. Das Charakteristische der Schöpfung besteht bei den dramatisch-musikalischen Werken nicht darin, den Gegenstand (literarischen Text und Musik)

---

[61]) Die Möglichkeit, daß eines der Bestandteile im Ganzen eine überwiegende Stellung oder auch eine überwiegende Funktion hat, bedeutet noch nicht die Anerkennung eines Unterschiedes zwischen hauptsächlichen und nebensächlichen Beziehungen, ein Unterschied, der richtigerweise zwischen den Bestandteilen einer zusammengesetzten Sache für unzulässig gehalten wird: Ferrara, aaO. S. 773, obwohl oft davon gesprochen wird; Coviello, Manuale di dir. civile, 2. Ausg. Milano, 1915, § 82; Messineo, Manuale di dir. civ. e commerciale, 8. Ausg. Milano 1950, § 27 Nr. 7 und 8. — Wenn die Beziehung nur nebensächlich ist, müßte das Vorliegen eines zusammengestellten Werkes verneint werden, so in dem Fall der einfachen Illustrierung eines literarischen Werks (Roman oder Drama), das dazu bestimmt ist, als solches und nicht vermittels der Figuren aufgenommen und verstanden zu werden: Trib. Firenze, 26. Okt. 1956, Foro Italiano, 1957, I, 135. Dagegen hat App. Rom, 23. März 1947, „Foro Italiano" 1947, I 782 zu unrecht zwischen dem literarischen Stoff und dem Film eine zusammengehörige Beziehung angenommen.

in der Individualität des einzelnen Werkes wahrzunehmen und begreiflich zu machen, sondern in der gegenseitigen Funktion der Teilwerke mit der alleinigen und gleichzeitigen Wahrnehmung einer künstlerisch-einheitlichen Wirkung, in der sich die Bestandteile ihrer eigenen Wirkung nach verbunden und verschmolzen haben [62]). Beim Filmwerk ist es nicht anders. Die Möglichkeit zur gesonderten Wahrnehmung und Beurteilung der verschiedenen Elemente, die zu seiner Entstehung beitragen, bildet — selbst wenn die Aufmerksamkeit der Zuschauer gegebenenfalls in einigen Augenblicken mehr von dem einen als von dem anderen gefesselt sein sollte — kein Charakteristikum des Filmwerks, vielmehr ist entscheidend die Gesamtwirkung [63]).

---

[62]) Für die Einheit der künstlerischen Wirkung in den dramatisch-musikalischen Werken, oben Anm. 47, und letzthin Giannini in „Riv. di diritto civile" 1956, S. 975 f. Nr. 3; LG Berlin 27. Juli 1955, UFITA Bd. 21 (1956) S. 94 ff. (beim sog. Schlager können Musik und Text im allgemeinen Bewußtsein „zu einer tatsächlichen Einheit verschmolzen sein"). Schon App. Milano, 11. Jan. 1929. Monitore dei Tribunali, 1929, 21; Cassazione francese 7. April 1925. D. P. 1926, 1,33; andere Anwendung des Einheitsprinzips vom Trib. civ. der Seine, 26. Mai 1954, „Le droit d'auteur", 1954, 190, im Fall einer für die Hörfunkübertragung geschaffenen musikalischen Komödie:

> „Le caractère purement radiophonique de l'œuvre permet d'y voir un *ensemble sonore unique*, et non une œuvre seulement littéraire avec accompagnement musical."

Über die Bedeutung des literarischen Textes, der im allgemeinen, trotz oft zu beklagender Entartung, ein künstlerisches Niveau gleich dem der Musik erreichen und so mit der letzteren einen wesentlichen Faktor des charakteristischen Vorzugs des Werks, das durch ihre Verbindung hervorgeht, darstellen sollte, s. schon Kohler, aaO. § 47 S. 288. Es bestehen übrigens bewunderungswürdige Beispiele, wie unter den Werken Wagners, die sicher auch Verdi beeinflußt und bewogen haben, seine letzten Werke (wie Othello und Falstaff) mit hochwertigen Textbüchern zu verbinden, was dagegen seinen früheren Werken fehlte.

[63]) Die *Einheit* des Filmwerks dürfte heute vorwiegend anerkannt sein, auch in den gesetzlichen Systemen, die den Film früher über mehrere der Art nach getrennte Werke verteilten, z. B. der *englische* Copyright Act, 1911: über das dramatische und das künstlerische Werk (Ziff. 35; Copinger-Skone aaO. S. 221); für das Gesetz von 1956 s. oben Anm. 27. — Der *deutsche* Referenten-Entwurf 1954 betrachtet den Film als eine rechtliche Einheit, s. Begründung, aaO. S. 215 bis 216. — Das *österreichische* Gesetz dagegen bleibt im Bereiche der verbundenen Werke; vgl. § 11 Abs. 3. — Für die Lehre: Willy Hoffmann, Die Berner Übereinkunft S. 219; Werhahn, aaO. S. 191 und besonders Roeber in UFITA Bd. 18 (1954) S. 285 und in „Die Urheberschaft am Film": „Der Film ist eine synchronistische Werkeinheit von Bild und Ton. Die Tonfilmmusik gehört dieser Werkeinheit zu" (letzterwähnte Schrift aaO. S. 11) und: „Der Film ist mehr als die Summe seiner Teile, und das Urheberrecht am Film ist ein eigenes Recht an einem neuen Werk (ersterwähnter Aufsatz aaO. S. 285). Jedoch erwächst im Sinne Roebers die Einheit des Filmwerkes nur aus der mit den Dreharbeiten einsetzenden Realisation. Die Urheber der literarischen und musikalischen Beiträge tragen nicht zur Entstehung des einheitlichen Werkes bei: „Jeder schafft nur sein eigenes Werk" aaO. S. 16; Drehbuchverfasser und Komponist „schaffen Werke für den Film, aber sie schaffen kein Filmwerk", aaO. S. 13. Bei diesen und anderen Erwägungen bleiben jedoch die oben im Text dargelegten Prinzipien der Gestaltung des zusammengesetzten Werkes außer Betracht. Gewiß schafft keiner der Beitragsurheber, gleichviel welcher Art, aus sich selbst den Film,

8. Gesamtwerk und Gesamtschutz. — Erkennt man die Einheit des zusammengesetzten Werkes an, so erfordert ein solches Werk einen entsprechenden Gesamtschutz. Das Recht am Gesamtwerk hat über den Rechten an den einzelnen Teilen zu stehen.

Die damit verbundenen Probleme erinnern an diejenigen, die sich von jeher bei der Verbindung zwischen körperlichen Sachen ergeben haben, und, wie bekannt ist, zu verschiedenen Theorien führten.

Die Probleme können die gleichen auch im Falle einer Verbindung von unkörperlichen Gütern im allgemeinen und von Geisteswerken im besonderen sein, da sich, gleichviel welcher Natur die Güter sind, der Begriff der *Einheit eines Ganzen* aus der Mannigfaltigkeit und der Individualität der Elemente ergibt, die zu ihrer Zusammensetzung beitragen. Aber die Kriterien, die die Lösung der Probleme bestimmen, und die Lösungen selbst können bei den Geisteswerken nicht denen der körperlichen Güter entsprechen, denn die Geisteswerke sind unkörperlichen Art, und das Urheberrecht hat seinen eigenen Charakter.

---

jedoch tragen alle zusammen, indem sie ihm die Bestandteile geben, dazu bei, ihn zu schaffen. Die abweichende Auffassung rechtfertigt sich im *deutschen* System und aus Gründen der Notwendigkeit, das Filmwerk der undurchdachten Figur der „verbundenen Werke" zu entziehen, um, wie es Roeber sagt. zu verhindern, daß „der Film zu einer Werkverbindung wird", aaO. S. 12, eine Figur, die nicht auf den Film paßt, wie sie sich auch nicht für das dramatisch-musikalische Werk eignet. Aber die hier erörterte Auffassung, wenn sie auch auf die Einheit des Filmwerks gerichtet ist, verstümmelt das Filmwerk. Sie stellt für dessen Entstehung nur auf Handlungen ab, die der Form des filmischen Ausdrucks zugehören und schaltet ausdrucksvolle Elemente mit ihrem gleichzeitig ideologisch und gefühlsmäßig reichen Gehalt aus, die, wie die literarischen und die musikalischen Elemente, als Bestandteile des Werkes in seiner zusammengesetzten Einheit für dasselbe unleugbar wesentlich und für dessen Wirkungen bestimmend sind (s. oben Nr. 4 und 5 des Textes. Anm. 39 bis 41). — Nach Ulmer in GRUR 1955, 524 stellt der Film zwar eine künstlerische Einheit dar, doch diese rechtfertige keine einheitliche Behandlung im Rechtssinne. S. oben Anm. 41. — S. außerdem Ascarelli, Teoria della concorrenza S. 518, wo bezweifelt wird, ob das *italienische* Gesetz das Filmwerk als ein zusammengesetztes Werk betrachtet, das als solches keine Selbständigkeit habe, oder aber als Sammelwerk, dessen Urheber sich den Urhebern der einzelnen Teile entgegenstellen kann. Der Zweifel dürfte nicht gerechtfertigt sein. Gerade im *italienischen* Gesetz sind wegen der Definition des Art. 3 Mißdeutungen zwischen Sammelwerk und zusammengesetztem Werk nicht möglich (S. oben im Text). Andererseits ist es, wenn es sich um ein zusammengesetztes Werk (und um eine ebensolche Sache) handelt, unvorstellbar, daß ihm die Selbständigkeit fehlen könnte. Über die Betrachtung des Films als Sammelwerk, nach einer, übrigens in der Minderheit befindlichen Ansicht der *französischen* Lehre und Rechtsprechung s. das Urteil des Appellationsgerichtshofes Paris vom 18. April 1956, „Revue internationale de droit d'auteur" 1956, XIII. S. 161, deutschsprachig in UFITA Bd. 25 (1958) S. 106 ff. mit Aufsatz Hirsch aaO. S. 5 ff.; eine solche Ansicht ist nicht überzeugend und steht auch in Widerspruch zur Auffassung des *französischen* Gesetzes. S. im übrigen oben Anm. 43 und 53.

Ein erster und grundlegender Unterschied betrifft die Beziehung zwischen dem Ganzen und dessen Teilen. Hier sind es die Begriffe der Spaltung und der Nichtspaltung des Ganzen, der Trennbarkeit und der Untrennbarkeit der Teile [64]). Die Anwendbarkeit dieser Begriffe auch im Falle der Verbindung zwischen mehreren Geisteswerken kann nicht verneint werden, nur darf nicht aus den Augen gelassen werden, daß diese Begriffe eine wesentlich relative Bedeutung allein schon für die körperlichen Sachen haben, und daß dies weit mehr noch für die unkörperlichen Güter zutrifft. Die Anhaltspunkte können vielfältig und verschieden sein, z. B. je nachdem das Problem der Trennbarkeit oder Untrennbarkeit unter dem Gesichtspunkt der physischen, der ökonomischen oder der moralischen Beeinträchtigung betrachtet wird, die sich bei einer Trennung [65]) ergäbe, und, was die rechtliche Ableitung des Problems betrifft, je nach den verschiedenen Zwecken, die das Gesetz dazu bestimmen können, die Einheit eines *Ganzen* vor dessen Auflösung zu schützen. Dabei bleibt zu berücksichtigen, wie verschieden sich die Frage der Beeinträchtigung bezüglich der Teile und gegenüber dem Ganzen

---

[64]) Bestimmungen über die *Untrennbarkeit* oder *Unteilbarkeit* bei Miturheberschaft treffen: Art. 10 des *italienischen* Gesetzes; in *Deutschland* § 6 LitUG und § 8 KSchG; § 11 Abs. 1 des *österreichischen* Gesetzes; Art. 7 Abs. 1 des *schweizerischen* Gesetzes. — Der angeführte Art. 10 des *italienischen* Gesetzes fügt noch die Bedingung der „Ununterscheidbarkeit" hinzu, und nur dies erwähnte der *englische* Copyright Act, 1911, Ziff. 16 Abs. 3, während der Copyright Act, 1956 in Ziff. 11 Abs. 3 nur von einem „is not separate" spricht. Tatsächlich steht der Begriff der Ununterscheidbarkeit nicht mit jenem der Untrennbarkeit in Beziehung und bedingt nicht die Anerkennung der Einheit des Werks und der Gemeinschaft. Brüche, Elemente, Teile einer Sache wie eines Geisteswerkes können nicht nur objektiv, sondern auch subjektiv, gut unterscheidbar sein, d. h. in der Person eines ihrer Besitzer oder Urheber, ohne daß dadurch die Einheit der Sache oder des Werkes und folglich die Untrennbarkeit und die Gemeinschaft verlorenginge. Die Bezugnahme auf die Ununterscheidbarkeit, die in Art. 10 des *italienischen* Gesetzes hervorgehoben wird, ist wenigstens pleonastisch, da für den Zweck der Gemeinschaft die Untrennbarkeit genügt. Vgl. G r e c o , Collaboracione e communione. Nr. 1 und 2. Andererseits kann die Ununterscheidbarkeit die Gemeinschaft bestimmen, auch wenn die Elemente und die Teile einer körperlichen oder unkörperlichen Gesamtheit insofern trennbar sind, als die Trennbarkeit nicht ihre Nützlichkeit beeinträchtigt. Das geschieht durch Vermischung, wo das Entstehen eines unteilbaren Zustandes (und nicht einer wirklichen und eigenen Untrennbarkeit) im wesentlichen aus einem rechtlichen Grunde notwendig ist, da es nicht mehr möglich ist, die einen Eigentümer (Sache) oder Urheber (Werke) von den anderen zu unterscheiden, um die Gegenstände der entsprechenden vorher bestehenden Rechte zu erkennen. Die Teilung kann übrigens in Übereinstimmung zum Wert der Quoten jedes Teilnehmers stehen, wenn dadurch dem Ganzen oder den Teilen nicht geschadet wird (Art. 1112 It. Bürg. Ges). S. hierüber nachfolgenden Text. Diesbezüglich wird an den Fall der *ferruminatio* erinnert, in dem die sabinische Schule glaubte, daß eine Transfusion von Molekülen ausgeführt werde, so daß die entsprechenden Eigenschaften der beiden mit dem Feuer geschweißten Gegenstände unterscheidbar wurden. S. darüber B o n f a n t e , aaO. S. 261, Anm. 1.

[65]) Wie bekannt, hing im römischen Recht die Bedingung der Untrennbarkeit ausschließlich von der bei einer Teilung objektiv gegebenen Beeinträchtigung durch Unbequemlichkeit, Nachteiligkeit oder Gefahr ab: Inst. 4, 17 § 5; D 6, 1 35 § 3; D 30, 26 § 2; Cod. 6, 2, 53 (54) § 2a.

stellt. Bezüglich der Teile ist begreiflich, daß jeder Teil vom Ganzen ohne eigenen Schaden entfernt werden kann, seine eigene Individualität und damit auch seine eigene begriffliche und funktionelle Selbständigkeit bewahrt oder zurückgewinnt [66]). Nicht so für das *Ganze:* wenn dieses, durch die Wirkung der Verbindung mehrerer Teile eine eigene Individualität und Selbständigkeit erlangt hat, kann es bei der Entfernung einer oder mehrerer seiner Bestandteile nicht unversehrt bleiben [67]). Nach Maßgabe des begrifflichen und funktionellen Erfordernisses jeder zusammengesetzten Einheit, sei sie körperlich, sei sie unkörperlich, wäre die Einheit daher immer als *untrennbar* zu betrachten, und ihre Bestandteile müßten daher in dieser Funktion, nicht in jener, die die Teile nach ihrer Entfernung vom Ganzen haben, betrachtet werden. Aber ein solches Erfordernis braucht nicht schon den rechtlichen Schutz der Einheit gegen die Auflösung zu begründen. Es kann tatsächlich sein, und es ist für die körperlichen Sachen geschichtlich in den Systemen des positiven Rechts auch so gewesen, daß der rechtliche Schutz der Einheit ausschließlich der Sorge entspringt, die Teile vor Beeinträchtigung zu bewahren, und daß daher die Trennbarkeit zugelassesn wird, ohne Rücksicht auf die sich fürs Ganze ergebende Beeinträchtigung [68]), wie im Gegensatz dazu anderseits, um die Beeinträchtigung

[66]) Über die wesentlich relative Bedeutung der Begriffe der Trennbarkeit und der Untrennbarkeit unter dem funktionellen Kriterium: B a r b e r o, aaO. S. 99. Über die Erwägung, den Flugzeugmotor als gesonderten Teil nach der Spezialnorm und als Ausnahme des Art. 862 Abs. 3, Kodex der it. Luftschiffahrt zu behandeln s. L e f è b r e - P e s c a t o r e, Manuale di dir. della navig. 1950 Nr. 193. — Beispiele der Relativität im Gebiet der Geisteswerke: die Stelle eines Romans, die Strophe eines Gedichts, die Einzelheit eines Gemäldes. Dies sind Teile in der Funktion von Elementen eines Werks, dem sie angehören, und von dem sie untrennbar sind, gleichwohl aber getrennt für eine andere Funktion benutzt werden können, z. B. für eine Anthologie oder für ein Zitat. Über diesen Punkt, jedoch aus einem anderen Blickfeld und mit fraglichen Schlußfolgerungen, s. den *deutschen* Referenten-Entwurf. Begründung, S. 87.

[67]) Vgl. den Begriff der „wesentlichen" Bestandteile im Sinne des § 93 des *deutschen* BGB. Über die Kritik an § 93 BGB. s. die ausführlichen Angaben der *deutschen* Lehre in den Anm. von F a d d a und B e n s a im Kommentar zu W i n d s c h e i d, aaO. Anm. d zu § 138. Genau ist hingegen die Beziehung zum Ganzen im *Schweizerischen* Bürg. Ges. Art. 642, wonach als *ergänzender Teil* einer Sache betrachtet wird „ce qui, d'après l'usage local, constitute *un élement essentiel de la chose et n'en peut être séparé sans la détruire, la déteriorer ou l'altérer*".

[68]) So in der Verbindung zwischen beweglichen Sachen, nach dem römischen Gesetz, wonach im Falle der Trennbarkeit als Vorbereitungsmittel der *rei vindicatio,* die *actio ad exibenduni* gegeben war. — Im modernen Recht kann die Lösung verschieden und bestreitbar sein. Für das *italienische* Recht vgl. Art. 939 des jetzigen Bürg. Ges. (entsprechend Art. 464 des Kodex 1865): er gestattet die Trennbarkeit, wenn diese ohne bemerkenswerte Verschlechterung erfolgen kann. Die Verschlechterung wird teils auf die Bestandteile bezogen (so von B r u g i, Della proprietà, Utet II Nr. 83; C o v i e l l o, aaO. § 82; d e R u g g i e r o, Istituzioni di dir. civile, I § 54), teils auf das Ganze (so von

fürs Ganze zu vermeiden, die Trennbarkeit verboten bleibt, auch wenn sie den Teilen nicht schadet oder sogar eine mögliche und bessere Benutzung gestattet [69]).

Dieses Beziehungsproblem würde mit Geltung für die Geisteswerke, die sich aus der Kombination mehrerer verschiedener schöpferischer Beiträge ergeben, wieder hervortreten, wenn die Gesetze unter der Bedingung, daß es sich um *untrennbare* Beiträge handelt, ein Einheitsrecht an dem Geisteswerk entstehen lassen. Ist aber eine solche Bedingung gesetzt, um das Ganze oder nur die einzelnen Beiträge zu schützen?

9. Einheitliches Recht und getrennte Benutzung der Teile. — Die Alternative, die in der Verbindung körperlicher Sachen keine Einschränkung zuläßt, mildert sich im Falle der Geisteswerke, wenn die Integrität des Ganzen und der Bestand eines einheitlichen Rechtes vollkommen mit dem Bestehen einer, wenn auch begrenzten Selbständigkeit der einzelnen Teile und daher mit der gleichzeitigen Koexistenz gesonderter, ihnen entsprechender Verfügungs- und Nutzungsrechte vereinbar sind.

Bei körperlichen Sachen ist, wenn sich die einen und die anderen Rechte nicht in der Person ein und desselben Inhabers konzentrieren, eine gesonderte Verfügung über die einzelnen Teile — nicht zu verwechseln mit den quotenmäßigen Anteilen am einheitlichen Recht — nicht denkbar, ohne daß das Ganze zerlegt und aufgelöst oder zumindest durch eines der Elemente, die dazu beitragen, dem Ganzen die begriffliche und funktionelle Individualität zu verleihen, verstümmelt wird. Daher ist in den Fällen, in denen der Schutz des *Ganzen* durch ein entsprechendes Einheitsrecht anerkannt worden ist, die klassische Streitfrage über das Los der vorbestehenden Rechte an den einzelnen Bestandteilen entstanden: nachdem die Möglichkeit einer gleichzeitigen Ausübung einmütig verneint wurde, ist für den Fall, daß sonst das Ganze zerstört werden würde, in bezug auf die vorbestehenden Rechte die Alternative des Erlöschens

Ferrara, aaO. S. 774. — Im *französischen* Bürg. Ges. erhält der Art. 566 für den allgemeinen Fall eine dem Art. 939 des *italienischen* Bürg. Ges. analoge Regelung; aber wenn auch in der Vereinigung eine „specificatio" eingetreten ist, scheint der Art. 572 die Anforderung hervorzuheben, „l'espèce nouvelle", die sich daraus ergibt, nicht zu zersetzen. — Für das *deutsche* Recht vgl. Anm. 67.

69) Es war die vom römischen Recht eingeführte Lösung für die Verbindung von Mobiliar und Immobiliar nach dem bekannten, schon in den XII Tafeln VI, 7, 9, der *actio de tigno juncto* („aus besonderen baupolizeilichen Gründen") zugrunde gelegten Prinzip: Wendt, Pandekten. Jena 1888, § 132, und gewöhnlich in den modernen Systemen befolgt.

und Ruhens bezw. der Erneuerung und Wiederaufnahme der Wirksamkeit erörtert worden [70]).

Ganz anders ist die Lage der Bestandteile im Falle der Verbindung mit Geisteswerken. Verschieden muß folglich auch die Lösung des Problems sein. Dies ist nicht in dem Sinne zu verstehen, daß. wie in einigen unter den wichtigsten legislativen Systemen, die gleiche Existenzmöglichkeit für das einheitliche Recht geradezu verweigert werden muß, weil es für unvereinbar gehalten wird, daß die Teile gesondert vom Ganzen benutzt werden, ohne daß dadurch das Ganze zerstört würde. Eine solche Verneinung wäre weder logisch noch praktisch gerechtfertigt. Es genügt die Vorstellung von einer „zusammengesetzten" Einheit. Tatsächlich entziehen sich die unkörperlichen Güter der physischen Fessel der Einmaligkeit im Raume; man könnte sagen, sie haben die Tugend der *Ubiquität;* aus diesem Grunde können sie gleichzeitig mehrfach und getrennt und von verschiedenen Rechtsträgern genutzt werden. Aus demselben Grunde gilt für sie nicht das sachenrechtliche Prinzip *„toute possesion est exclusive"* [71]), auch nicht, wenn es sich um mehrere Besitzverhältnisse handelt, die vollkommen homogen und daher miteinander unvereinbar sind. Daraus folgt, daß die Institutionen, die das Alleinrecht des Besitzes voraussetzen, wie die *rei vindicatio,* die *usucapio,* die direkte Aktion *ad reintegrandam possessionem* nicht oder doch höchstens nur für einige von ihnen auf Geisteswerke anwendbar sind, wie beim Fall der *usucapio,* aber auch dies nur unter besonderen Voraussetzungen und Bedingungen [72]).

---

[70]) Im ersteren Sinne: Pernice, Labeo, 2, 1, S. 317; im anderen Sinne: Windscheid, aaO. § 188 u. Anm. 13. Über die Frage s. auch Pacchioni, Corso di diritto romano, Utet, II. S. 186; Barbero, aaO. S. 75 — 76. Savigny vertritt die Ansicht, daß es während der Dauer der Einheit nicht zulässig ist, den Besitz auch den einzelnen Teilen und — für den Fall der Zerstörung der Einheit — folglich die *usucapio* an jedem dieser Teile zu haben, wenn man die zusammengesetzte Sache in ihrer Einheit, nämlich als ein Ganzes, besessen hatte, s. Savigny, Traité de la possession, franz. Übers. von Beving 1840, § 22.

[71]) „Plures eandem rem in solidum possidere non possunt": vgl. Ulpiano, D 13, 6, 5 § 15 und besonders Paolo, D 41, 2, 3 § 5. Zur *possessio civilis e naturalis, justa e injusta.* S. die kritische Abhandlung von Savigny, aaO. § 11. — Über die Unanwendbarkeit des Prinzips auf unkörperliche Güter vgl. Navarrini in „Recht und Handelspraxis", 1922, I. S. 65 f.; La Lumia, Trattato di diritto commerciale, 1940, Nr. 160 mit Angaben; Greco, I diritti sui beni imm., Nr. 17 und Collaborazione creativa, Nr. 2; als letzter Ascarelli, aaO. S. 507, der jedoch scheinbar die Möglichkeit, von immateriellen Gütern Besitz zu erfassen, geradezu verneint, was eine etwas übertriebene Vorstellung sein dürfte.

[72]) Daß die *rei vindicatio* und die *actio spolii* keine Bedeutung für Einheiten haben, die sich einer physischen Macht nicht unterwerfen lassen, wird anerkannt. Statt ihrer, andere, aber zweifellos weniger wirksame Mittel zur Wahrung der Rechte: s. Greco, I diritti sui beni imm., Nr. 17 bis 19. — Der Erörterung zugänglich ist hingegen die Anwendbarkeit des Usukapioninstituts, s. darüber die Abhandlung, die La Lumia, aaO. Nr. 160 mit

Falls es stimmt, daß die Besitzverhältnisse auch untereinander unvereinbar sind, wird dies *a fortiori* zutreffen, wenn es sich um Besitzverhältnisse handelt, die, obwohl sie im Bereiche einer gleichen objektiven Einheit bestehen und einer Klassifikation der Rechte gleicher Natur entsprechen, dennoch untereinander nicht kollidieren oder es nicht können. Dies ist genau die Situation, die im Falle zusammengesetzter Werke gegeben ist. Der Besitz — genauer der *Mitbesitz* — am Ganzen entspricht dem Einheitsrecht, das allen Miturhebern zusteht. Davon unterscheiden sich, entsprechend den getrennten Besitzverhältnissen, die Rechte an den einzelnen Beiträgen, aus denen sich das Werk zusammensetzt. Infolge ihrer „Ubiquität" können diese Teile, wenn auch mit einer eigenen begrifflichen und funktionellen Selbständigkeit [73]) ausgestattet, gleichzeitig eine doppelte Funktion ausüben: sie können als *Teile* des Einheitswerks fortbestehen und *ohne Zerstörung dieses Werkes getrennter Nutzungen* fähig bleiben, so daß die Inhaberschaft an den Beitragsrechten gleichzeitig neben dem Einheitsrecht und mit dem Mitbesitz am Ganzen besteht und doch die Beitragsrechte gleichzeitig mit dem Einheitsrecht ausgeübt werden können [74]).

---

ausführlichen Angaben dort über das Problem macht; s. auch Greco, aaO. Nr. 19 und über die unterscheidenden Merkmale Nr. 27 und 45, jedoch erscheint es schwierig, für die Geisteswerte und bei den besonderen Wesensmerkmalen des Urheberrechts eine auch nur begrenzte Anwendung dieses Instituts zuzulassen.

[73]) Wie dies der Fall ist beim Textbuch und bei der Musik in einer lyrischen Oper oder in einer Operette; sodann beim Stoff, beim Drehbuch und bei der Musik eines Films, jedoch nicht für den Beitrag des Regisseurs, woraus es sich erklärt, daß das *italienische* Gesetz über diesen Beitrag schweigt und in Art. 49 die getrennte Benutzung nur für die literarischen und musikalischen Teile eines Filmes vorsieht und zuläßt.

[74]) Diese Überlegungen werden von der herrschenden Lehre in *Deutschland* nicht beachtet. Man leugnet bei der sog. Werkverbindung das Einheitsrecht und die Möglichkeit einer Miturheberschaft. Man begründet die Ablehnung damit, daß „die Bestandteile sich auch gesondert verwerten lassen" und daß die „gesonderte Benutzung" des Textbuches ohne die Musik oder umgekehrt zur ausschließlichen Befugnis des jeweiligen Werkurhebers gehört, „was rechtlich bei der Annahme eines gemeinschaftlichen Urheberrechts ausgeschlossen wäre", so Ulmer, aaO. § 22 S. 102 in Polemik mit Goldbaum. Im *deutschen* Referenten-Entwurf (1954) ist man sogar dazu gekommen, zu glauben, daß gegen den Gemeinschaftsbegriff die getrennte Benutzung der Beiträge entscheidend sein würde, keineswegs ihre Untrennbarkeit. Daher ist die Formel des § 6 LitUG und des 8 KSchG („. . . daß ihre Arbeiten sich nicht trennen lassen . . ."), durch die andere: „. . . ohne daß sich ihre Beiträge gesondert verwerten lassen" in § 6 des Referenten-Entwurfs ersetzt worden. S. Begründung zu § 6 S. 87. Ablehnend Schulze, Recht und Unrecht — Eine Studie zur Urheberrechtsform 1954. S. 30, aber aus einem anderen und für die immateriellen Güter nicht überzeugenden Grund: „was sich nicht trennen läßt, ist auch nicht gesondert verwertbar". Die Abstellung auf die „gesonderte Verwertung" an Stelle der Trennbarkeit kann von keinem Gesichtspunkt aus gerechtfertigt werden, denn einmal ist die getrennte Benutzung weder mit dem Einheitsrecht noch mit der Miturheberschaft unvereinbar, und zum anderen muß mit Beziehung auf die Einheit des Ganzen und auf seine begriffliche und funktionelle Selbständigkeit, unabhängig

Eine solche Ausübung hat sich in den Grenzen der Koexistenz mit dem Einheitsrecht zu halten. Das Einheitsrecht steht darüber. Daher auch gilt das Prinzip, daß durch die Ausübung der einzelnen Rechte an den Teilen und die getrennte Benutzung der Teile nicht das Einheitsrecht und das von ihm geschützte Werkganze beeinträchtigt werden dürfen [75]). Die Feststellung der Beeinträchtigung in den einzelnen Fällen ist eine Tatsache, jedoch kann die Kasuistik auf drei getrennte Hypothesen zurückgeführt werden: die Ausübung des Einheitsrechts wird verhindert [76]); das gemeinsame Werk gerät in Verruf [77]); zum Schaden des gemeinsamen Werkes entsteht eine Konkurrenz [78]).

---

von jener der einzelnen Teile, anerkannt werden, daß der Begriff der Untrennbarkeit auch auf die zusammengesetzten Werke, insbesonders auf die dramatisch-musikalischen Werke und die Filmwerke paßt. S. darüber die oben im Text unter Ziff. 8 gemachten Ausführungen. — Die Lage wurde bereits scharf und klar von Pouillet, Traité de la propriété littéraire et artistique, 1894. Nr. 115 gekennzeichnet:

„Le droit n'est indivisible qu'autant qu'il porte sur les deux choses réunies, paroles et musique, sur l'opéra formant lui-même un tout, un ensemble indivisible. Mais la musique seule, séparée des paroles, l'œuvre dramatique séparée de la musique, sont, chacune de son côté, la propriété exclusive de leurs auteurs respectifs."

S. zu diesem Punkt auch Desbois, aaO. Nr. 655—656; außerdem Greco, Collaborazione creativa Nr. 1—3 und dortige Angaben. Verwiesen sei auch auf eine alte, aber noch immer zutreffende Entscheidung des Zivilgerichts der Seine vom 27. Febr. 1894 „Gaz. du Palais" 1894, 574, mitgeteilt von R. Plaisant, aaO. Fasc. 6, Nr. 23. Für *Italien* s. besonders die deutliche Entscheidung der römischen Prätur vom 8. Febr. 1954, „Foro Italiano", 1954, I, 709—710).

75) In diesem Sinn schon das *belgische* Gesetz vom 22. März 1886 Art. 18; das *italienische* Gesetz Art. 34 Abs. 5 in Verbindung mit Art. 35 für die dramatisch-musikalischen Werke, Art. 49 für Filmwerke; das *französische* Gesetz Art. 10 Abs. 4, der mit größerer systematischen Genauigkeit bezüglich aller Werke der Gemeinschaftsarbeit zum Prinzip erhebt: „exploiter séparément sa contribution personelle, sans toutefois porter préjudice à l'exploitation de l'œuvre commune". Über die Beeinträchtigung s. de Sanctis, Il nuovo diritto di autore cinematografico Nr. 22; Desbois, aaO. Nr. 657.

76) Nach dem von Kohler, aaO. § 47 S. 285 bis 286 für die dramatisch-musikalischen Werke formulierten Prinzip hat jeder der beiden Urheber „die Befugnis, seine Schöpfung, so wie sie ist, frei zu verwenden", trotzdem hat „ein jeder das Recht, zu verlangen, daß die Schöpfung des anderen mit der seinigen zu gemeinsamer Benutzung verbunden, daß also das Ganze als musikalisches Drama aufgeführt wird".

77) Z. B. wenn die Musik einer lyrischen Oper, auch nur teilweise, der Jazzmusik angepaßt und als solche getrennt benutzt wird, oder wenn das Textbuch in eine Parodie umgeändert und in dieser Form benutzt wird, besonders, wenn die Umänderung ungehörig oder unschicklich ist.

78) Das *belgische* Gesetz bestimmt in Art. 18:

„Lorsqu'il s'agit d'ouvrages qui se composent de paroles ou de livrets et de musique, le compositeur et l'auteur ne pourront traiter de leur œuvre avec un collaborateur nouveau."

Es wäre aber einleuchtend, das Verbot darauf zu beschränken, daß das Werk des anderen nicht in eine ähnliche Verbindung mit einem anderen Werk tritt, so Kohler, aaO. S. 286. — Über die kürzlich bei einem aus Wort und Musik zusammengesetzten Werk ergangene Entscheidung des Zivilgerichts der Seine vom 26. Mai 1954, „Revue trim. de droit commercial", 1955, 88 (mit zustimmen-

10. Droit moral und Miturheberschaft. — In einem anderen grundlegenden Punkt sind die rechtlichen Wirkungen bei einer Verbindung von Geisteswerken gegenüber denen einer Verbindung körperlicher Sachen verschieden. An Sachen besteht Eigentum. An Geisteswerken besteht ein Urheberrecht mit den verschiedenen Sonderheiten, die berücksichtigt werden müssen. Gleichviel, welchem dogmatischen Aufbau der Vorzug gegeben wird: Trennung nach Persönlichkeits- und Vermögensrecht oder aber Konzentrierung in einem einzigen Recht mit verschiedenen Befugnissen zum Schutz der geistigen und der materiellen Interessen des Urhebers und, je nachdem, ob mehr überwiegend für die eine oder für die andere Art der Befugnisse: sicher ist, daß a) der Urheber niemals, auch nicht in der Verbindung mit anderen Urhebern, also als Miturheber, seiner Befugnisse aus dem „droit moral" beraubt werden kann, nicht einmal mit seiner Zustimmung und daß b) enge Wechselbeziehungen zwischen der einen oder anderen Art von Befugnissen bestehen, insbesondere fließt das droit moral in das Gebiet des Vermögensrechts ein, unterwirft sich in diesem Gebiet einige Formen der Werknutzung und macht die Werknutzung überhaupt von der vorherigen Ausübung des Persönlichkeitsrechts der Veröffentlichung abhängig [78a]).

Darin liegt begründet, daß der Begriff der Verbindung von materiellen Gegenständen im allgemeinen nicht als Modell für die Geisteswerke dienen kann. Bei körperlichen Sachen kann das Einheits-

---

der Anmerkung von Desbois), wogegen das Pariser Appellationsgericht mit Entscheidung vom 7. Juli 1956, „Revue international du droit d'auteur, 1956 XIII, 166 das Verbot der ersten Instanz nur noch beschränkt auf andere Benutzungen im Rahmen des Rundfunks, für den das zusammengesetzte Werk ursprünglich bestimmt war, bestätigte, während es dem Verfasser des Textbuches freiließ, das Textbuch mit anderer Musik für Theater- oder Filmzwecke zu verbinden. Ähnlich für den Fall des literarischen Textes einer Operette, der von seinem Verfasser auch für einen Film benutzt worden war, s. Prätur, Rom, 25. April 1933, „Riv. di diritto commerciale", 1953, II. 493. — Wird dagegen das Problem unter dem Begriff der verbundenen Werke betrachtet, so kann der Verfasser des Textbuches dieses mit der Musik eines anderen Komponisten oder umgekehrt der Komponist seine Musik mit einem anderen Text verbinden, es sei, daß der Vertrag dies verbietet: (vgl. Peter, aaO. S. 55). Nach dem Begriff der Miturheberschaft (vgl. § 6 des *deutschen* LitUG) gilt für jeden Miturheber unbedingt das Verbot, den eigenen Beitrag für ein anderes Werk zu benutzen (vgl. Hillig, Gutachten über urheberrechtliche, verlagsrechtliche und verlegerische Fragen. 1953. I, Nr. 2 S. 11).

78a) Vgl. Ulmer, aaO. § 59 S. 232: „Auch nach der Veröffentlichung bleibt der Urheber aus ideellen Gründen daran interessiert, ob weitere Akte der Wiedergabe erfolgen, ob beispielsweise eine neue Auflage veranstaltet wird und in wessen Hand die Wiedergabe liegt. Eine Zwangsvollstreckung gegen den Urheber ist daher nur mit seiner Einwilligung zulässig". So im *deutschen Recht:* § 10 LitUG und § 14 KSchG, § 119 Referenten-Entwurf; analog: § 25 des *österreichischen* Gesetzes, Art. 10 des *schweizerischen Gesetzes,* Art. 111 Abs. 1 des *italienischen* Gesetzes (ausgenommen die Enteignung aus Staatsinteresse und nur für Werke, die bereits veröffentlicht sind, Art. 112).

recht *ex lege* entstehen, auch wenn die Verbindung ohne die Zustimmung der Besitzer der einzelnen Teile erfolgt ist [79]) und das Einheitsrecht, je nachdem, allen gemeinsam zusteht oder allein einem von ihnen [80]). Bei Geisteswerken sollte dagegen für das Entstehen eines Einheitsrechtes am Ganzen stets die Zustimmung zur Verbindung erforderlich sein, da sich das Einheitsrecht über die Rechte an den einzelnen Teilen stellt, sie unterdrückt und sie reduziert, auch wenn das Einheitsrecht den verschiedenen Urhebern gemeinsam verbleibt. Dies kann nicht unabhängig vom Dispositionswillen der betreffenden Urheber geschehen. Folglich sollte es jedem nicht zustimmenden Urheber möglich sein, die Abtrennung seines Teils von den anderen Teilen zu verlangen, ohne Rücksicht auf die Verschlechterung oder Aufgliederung, die sich daraus für das Ganze ergeben kann [81]). Die Anforderung der Untrennbarkeit wäre dann für das Ganze nicht in Erwägung zu ziehen.

Eine andere Lage zeigt sich im Falle der Zustimmung zur Verbindung und besonders, wenn die Verbindung nicht nur mit der Erlaubnis, sondern durch die auf Schaffung eines neuen einheitlichen Werkes gerichtete Mitarbeit der Urheber der einzelnen Teile zustande gekommen ist. In diesem Falle nehmen sie notwendigerweise die Stellung von Miturhebern jenes Werkes ein. Als Folge der Miturhebereigenschaft können ihnen, im Unterschied zum System des Sachenrechts, wenn auch nicht für alle Wirkungen, persönliche Dis-

---

[79]) Für den Fall einer genehmigten Verbindung ist weder das Entstehen des Einheitsrechts am Ganzen noch die Gemeinschaft von ihm jemals bezweifelt worden: Windscheid, aaO. § 138, 139; Ferrini, aaO. S. 291, 292 und dortige Anmerkungen.

[80]) Nach der römischen Überlieferung, die sich weitgehend in den modernen Systemen widerspiegelt, steht im Prinzip das Einheitsrecht einem einzigen der verschiedenen Eigentümer zu. Maßgebend dafür ist die Unterscheidung zwischen Neben- und Hauptsache. Ein solches Kriterium aber dürfte dem Charakter der „zusammengesetzten Sache" nicht entsprechen (S. oben Anm. 61). Für die Anwendung des Kriteriums im Zusammenhang mit den Geisteswerken (Beziehung zum *corpus mechanicum*, worin diese verkörpert sind), kann an die bezüglich der *scriptura* entstandenen Probleme erinnert werden, wonach die Römer das Pergament oder das Papier als Hauptursache betrachteten (D 41, 1, 9 § 1, D 10, 4, 3 § 14), und an die *pictura*, wo hingegen die Meinungen auseinandergingen (zugunsten der Tafel: D 6, 1, 23 § 3; des Gemäldes: Gajus, Inst. 2, 78; I, 2, 1 § 34; nicht jedoch, wenn es sich um Fresken auf den Wänden handelte, in welchem Falle die Mauern stets als Hauptsache betrachtet werden: D 6, 1, 38; D 5, 3, 39 § 1). Etwas anderes ist die Unterscheidung nach der Bedeutung von Teilen bei Geisteswerken im Sinne des Art. 34 und 37 des *italienischen* Gesetzes. — Über die Bedeutung im gegenseitigen Verhältnis von Dichtung und Musik bei Opern s. Kohler, aaO. S. 288.

[81]) Zu den Rechten, die in Fällen eines zusammengesetzten Werkes der Art. 12 des *französischen* Gesetzes dem Urheber eines vorbestehenden Werkes vorbehält, sollte das Recht gehören, den Urheber des zusammengesetzten Werkes bedingungslos zu enteignen, wenn die Einverleibung ohne die Zustimmung jenes Urhebers erfolgt ist.

positionsbefugnisse nicht entzogen werden. Deshalb scheint hier eine Gemeinschaftsregel unvermeidbar [81a]) und unauflöslich, solange nicht mit Zustimmung aller Miturheber die Einheit des Werkes zerstört wird und dann jeder wieder die volle und bedingungslose Verfügbarkeit über seinen Teil gewinnt.

Gewiß kann für das Vermögensrecht, abgesehen von Einwirkungen aus dem Schutzbereich der geistigen Interessen, für alle Miturheber oder für einige von ihnen der Gemeinschaftszustand aufgehoben werden und auch dessen Entstehen durch den vorbeugenden Übergang dieser Befugnisse auf andere der Miturheber oder auf Dritte [82]) verhindert werden. Das gleiche Gesetz kann den Übergang als normale Wirkung des Vertrages [83]) betrachten, auf dessen Grundlagen sich die Mitarbeit vollzieht und die Verbindung der Teile in der Einheit des zusammengesetzten Werkes legitimiert wird.

[81a]) Kohler, aaO. S. 285 f., konstruierte im Falle des dramatisch-musikalischen Werks die Beziehung zwischen den beiden Beitragswerken nach Art einer Realdienstbarkeit. Für die Kritik an dieser Konstruktion sei auf meine Schrift Collaborazione creativa Nr. 3 verwiesen.

[82]) Nach kürzlich in der Rechtslehre hervorgetretenen Tendenzen, die mehr oder weniger von der monistischen Urheberrechts-Theorie inspiriert sind, wäre eine Abtretung des Urheberrechts aus Gründen des unlöslichen Zusammenhangs mit der Person des Urhebers unzulässig; es könnte nur von einer Gestattung der Ausübung solcher Rechte gesprochen werden, sei es auch in *esclusiva*. S. zuletzt: Del Bianco, aaO. S. 69 f., mit ausführlichen Darlegungen; Renauld, aaO. S. 121 f. — In diesem Sinne ist auch der *deutsche* Referenten-Entwurf orientiert: §§ 21, 24 und Begründung, S. 109. Das Verwertungsrecht am Filmwerk jedoch soll veräußerlich sein (§ 94).

[83]) Von der *cessio legis* wird besonders in den Beziehungen zwischen Miturhebern und dem Hersteller des Films gesprochen. Der Ausdruck sollte genau in dem Sinne verstanden werden, daß der Übergang der Rechte unabhängig von besonderen Abmachungen erfolgt, wie ein eigene Wirkung des eingegangenen Vertrages, ohne daß freilich eine entgegenstehende Vereinbarung unzulässig wäre. Genauso: Art. 17 Abs. 3 des *französischen* Gesetzes. Nicht anders ist Art. 45 Abs. 1 des *italienischen* Gesetzes zu verstehen, der, ohne den Vertrag zu erwähnen, festlegt, daß die Ausübung der Rechte zur wirtschaftlichen Verwertung des Filmwerkes dem Hersteller zustehen. Auf diesen Punkt werden wir später noch zurückkommen. — Anders ist die Zuständigkeit zur Geschäftsführung eines Miturhebers beim zusammengesetzten Werk zu beurteilen, wie dies im *italienischen* Gesetz für die Bühnenwerke bestimmt ist (s. oben Anm. 80). In diesem Zusammenhang verdient die Vorschrift des *deutschen* LitUG § 28 Abs. 2 hervorgehoben zu werden; danach ist bei einer Oper oder einem sonstigen Werke der Tonkunst, zu dem ein Text gehört, der Urheberberechtigte an der Musik als derjenige bestimmt, der allein die Einwilligung zur Aufführung erteilt. Daß dies eine Abweichung vom Rechtsbegriff der verbundenen Werke bedeutet, wird von der *deutschen* Lehre bestätigt: Runge, aaO., S. 51; Ulmer, aaO. § 22. S. 104, der die gesetzliche Ermächtigung für den Komponisten als „eine Legitimation im Außenverhältnis" erklärt. In Wirklichkeit ist dies eine Folge der Einheit des zusammengesetzten Werkes, der sich der *deutsche* Gesetzgeber von 1901, trotz des Gegensatzes zum Begriff der „verbundenen" Werke nicht glaubte entziehen zu können. Im *deutschen* Referenten-Entwurf (1945) scheint hingegen die Vorschrift des § 28 LitUG nicht wiederzukehren.

Nichts davon wäre grundsätzlich für das „droit moral" möglich. Mit Bezug darauf könnte die Entstehung einer Gemeinschaftsform nicht verhindert werden [84]) und, einmal entstanden, könnte sie nicht, solange die Einheit des Werks fortdauert, aufhören: wegen der Unveräußerlichkeit des droit moral, sei es auch nur als Erteilung der Ausschließlichkeit seiner Ausübung, wäre, in bezug auf dieses Recht, eine Abtretung der urheberrechtlichen Anteils q u o t e ungültig [85]). Folglich kann die Einwirkung der Miturheber nicht einmal in denselben Formen der wirtschaftlichen Verwertung des zusammengesetzten Werks aufhören, wenn die Art der Ausübung das „droit moral" beeinträchtigt.

11. G e m e i n s c h a f t s r e g e l n und i n d i v i d u e l l e R e c h t e. — Anders ist im Urheberrecht die Gemeinschaftsform *sui generis*. Lehre und Gesetze verschiedener Länder stimmen darin überein, daß es sich um eine in verschiedener Hinsicht andere Form handelt, und die daher anders als die Eigentumsgemeinschaft zu regeln ist. Sie muß sich dem persönlichen Charakter des „droit moral" anpassen und daher reichlich von den individualistischen Anforderungen des Schutzes durchdrungen bleiben [86]). Daher kann das „droit moral" gegen Akte seiner Verletzung, wie Nachahmung, Verletzung der Urheberschaft, Verletzung der Integrität durch Entstellung des einheitlichen Werks, die geeignet ist, die Ehre und den Ruf der Miturheber zu beeinträchtigen, individualistisch von jedem auch ohne und gegen den Willen der anderen ausgeübt werden [87]). Da jeder

---

84) D a b i n , Le droit subjectif. Paris 1952. S. 125 erkennt ausdrücklich die gemeinschaftliche Zugehörigkeit des droit moral für die Miturheber des in Mitarbeit geschaffenen Geisteswerkes an. Analog Appellationsgerichtshof Paris vom 18. April 1956, „Revue International du Droit d'Auteur" 1956 XIII, 161 (siehe obige Anm. 63 am Schluß).

85) U l m e r , aaO. § 27 S. 127 sieht vor allem in der Abtretung der Anteilsquote die Möglichkeit einer Beeinträchtigung der ideellen Interessen der anderen Miturheber. Daher wünscht er, was bereits R i e z l e r befürwortete, daß ihnen ein Vorkaufsrecht eingeräumt werde. Aber über die Voschläge U l m e r s hinaus, sollte die Abtretung Bedeutung nur für das Vermögensrecht haben, nicht für das droit moral des Miturhebers. Über diesen Punkt s. auch P l a i s a n t , aaO. Fasc. 6 Nr. 17. Es sei noch an die von U l m e r , aaO. hervorgehobene Unterscheidung zwischen der Verfügung über den Anteil und die Verfügung über das Urheberrecht erinnert.

86) Wie U l m e r , aaO. § 27 S. 126 zutreffend bemerkt, bedingt „das persönlichkeitsrechtliche Element, das das Urheberrecht durchdringt, eine stärkere Bindung der Miturheber an die Gemeinschaft". Dadurch ergeben sich, wie U l m e r hervorhebt, Abweichungen vom allgemeinen bürgerlich-rechtlichen Begriff der Gemeinschaft. S. auch E r l a n g e r , Miturheberrecht an Schrift-, Ton- und Bildwerken. Tübingen 1927; A s c a r e l l i , aaO. S. 513 bis 514, und schon G r e c o , Collaborazione creativa, Nr. 6 f.

87) So Art. 10 Abs. 3, *ital.* Ges.; Art. 6 Abs. 2 *belg.* Gesetz; Art. 7 Abs. 2 *schweiz.* Gesetz; § 11 Abs. 2 *österr.* Gesetz; § 6 Abs 2 *deutscher* Referenten-Entwurf. Übrigens kommen, *mutatis mutandis,* Befugnisse individuellen Charakters auch in der Gemeinschaft des allgemeinen Rechts vor: Art. 1102, c. civ. ital.., § 744 Abs. 2 BGB.

Miturheber am Einheitsrecht teilhat,. einem Recht, das das Werk als *Ganzes* umschließt, da der Beitrag eines jeden Miturhebers sich mit den Beiträgen der anderen durchdringt und da sich die Wirkungen unterschiedslos aus der Teilnahme aller Beiträge ergeben, folgt logisch, daß für jeden Miturheber die Verletzung seines geistigen Interesses und daher seine individuelle Legitimation, es zu verteidigen, unabhängig ist von jenem Teil des Werks, auf den die Verletzung unmittelbar eingewirkt hat, also auch wenn es sich um Teile anderer Miturheber handelt [88]).

Dagegen können die Akte einer Verfügung über das Werk zum Zwecke seiner wirtschaftlichen Verwertung dem Vertrage überlassen werden, der die Mitarbeit ins Leben gerufen und die gemeinschaftlichen Beziehungen begründet hat. Vom Vertrag kann und wird im allgemeinen die Zustimmung aller zur Veröffentlichung abhängen, gegebenenfalls auch für darauf folgende Formen der Verwertung, die von jenen verschieden sind, in der die *erste* Veröffentlichung erfolgte oder erfolgen wird. Beim Fehlen vertraglicher Bestimmungen oder von Gesetzesvorschriften, die den Vertrag vervollständigen, behauptet sich der individualistische Anspruch in der Gemeinschaft in der Weise, daß an die Stelle des Prinzips der Stimmenmehrheit die Einstimmigkeit tritt, es sei denn, daß in Ermangelung von Einstimmigkeit die Entscheidung des Konflikts dem Gericht übertragen wird, das, wie anzunehmen ist, auch zugunsten der Anträge einer Minderheit entscheiden könnte, falls es erkennt, daß die Mehrheit ihre Zustimmung ungerechtfertigt verweigert [89]).

Vom persönlichen Recht jedes Miturhebers zur getrennten Benutzung des entsprechenden Teiles, sofern der Teil dies zuläßt, und von der Begrenzung dieses Rechtes ist bereits bezüglich seiner Koexistenz mit dem Einheitsrecht gegenüber dem Ganzen gesprochen worden. Dabei handelt es sich nicht um ein Recht zur Abtrennung eines Teiles vom einheitlichen Werk, was das Erlöschen des Einheitsrechts und die Auflösung der Gemeinschaft zur Folge hätte. Die einzelnen Teile wären dann nicht mehr als Elemente des zusammengesetzten Werkes verwertbar; sie wären von jeder Bindung

---

[88]) Über die Frage: G r e c o , Collaborazione creativa, Nr. 6. M i c h a é l i d è s - N o u a r o s , Le droit moral de l'auteur, 1935, Nr. 93 erwähnt, obwohl er nicht die spezielle Frage erwägt, das Prinzip, das die hier im Text gezeigte Lösung verlangt: „Chacun des collaborateurs exerce sur le tout les droits patrimoniaux et *moraux* qui appartiennent à l'auteur seul".

[89]) S. die in der Anm. 87 angeführten Vorschriften. M i c h a é l i d è s - N o u a r o s , aaO. Nr. 93; E r l a n g e r , aaO. S. 82; U l m e r aaO. § 27 S. 127; R. P l a i s a n t , aaO. Fasc. 6, Nr. 22 f. Über den Punkt, daß auch in der Gemeinschaft des vererbten Urheberrechts das Mehrheitsprinzip nicht für das droit moral gilt, s. G i a n n i n i in „Riv. di diritto industriale", 1952, I. 364 f.

untereinander befreit und kämen in die *freie* und *bedingungslose* Verfügung der betreffenden Urheber zurück. Ein persönliches Recht in diesem Sinne könnte grundsätzlich nicht anerkannt werden. Ihm stände das Prinzip der Unteilbarkeit des einheitlichen Werks entgegen, und dieses Werk würde mit der Teilung „aufhören", dem bestimmten Zweck zu dienen [90]).

Auch dafür ließen jedoch die dem Urheberrecht eigenen Eigenschaften eine andere Lösung zu, wenn die Teilung oder genauer: die *Abtrennung* eines Teiles vom Ganzen auf der Ausübung des „droit moral" mit einer Zurückziehung des Werkes aus dem Verkehr und allgemein auf dem *jus poenitendi* nach den Bedingungen und mit den festgesetzten Wirkungen der verschiedenen Gesetze beruht.

Es könnte wirklich an der Anwendbarkeit dieses Rechts gezweifelt werden, wenn es sich, wie hier, eben nicht um ein autonomes Werk handelt, sondern um ein Werk, das ein Bestandteil des anderen Werkes ist, so daß die Ausübung des Rechtes, mit der Abtrennung eines Teiles vom Ganzen, eine Verstümmelung und die Zergliederung des Ganzen in sich schließt.

Wenn jedoch wenigstens der Teil im Ganzen individualisierbar und daher der Urheber erkennbar ist, kann die Berufung auf jene schützenden Ansprüche der geistigen Interessen des Urhebers, die die Grundlage des *jus poenitendi* bilden [91]), nicht ausgeschlossen werden.

---

[90]) Art. 1112 c. civ. it.; § 752 BGB. — Ulmer aaO. § 27 S. 128 bis 129, schließt aus, daß die Aufhebung der Gemeinschaft gegen den Willen eines Miturhebers durch Verkauf des gemeinsamen Werks (§ 753 BGB) erzwungen werde. Eine solche Möglichkeit widerspreche dem im Urheberrecht anerkannten Schutz der ideellen Interessen. — Verwiesen sei: auf § 10 LitUG, § 14 KSchG, § 118 des *deutschen* Referenten-Entwurfs; Art. 110 des *italienischen Gesetzes;* § 25 Abs. 1 des *österr.* Gesetzes. Diese Vorschriften verbieten die Zwangsvollstreckung in Geisteswerke bei Lebzeiten der Urheber (s. oben Anm. 78a). Über die Problematik einer Zwangsvollstreckung in bereits erschienene Werke s. Ulmer, aaO. § 58 S. 232. Es versteht sich übrigens, daß jede Form einer Veräußerung des Werkes stets vom droit moral behindert wäre. — Für die *französische* Lehre vgl. Plaisant, aaO. Fasc. 6, Nr. 22:

> „L'œuvre de collaboration est soumise à un statut proche de l'indivision, mais qui, cependant, ne se confond pas avec celle-ci. En effet, il résulte de la nature des choses que cette sorte d'indivision est obligatoire et perpetuelle, contrairement au principe exprimé à l'art. 815 du Code civil."

[91]) Die Art. 142, 143 des *italienischen* Gesetzes gestatten dem Urheber, das Werk aus dem Handel zu ziehen, wenn „wichtige" urheberpersönlichkeitsrechtliche Gründe vorliegen, deren Feststellung im Streitfall das Gericht trifft. Bedingung ist, daß der Urheber zugunsten der Interessierten eine Entschädigung zahlt; Höhe und Fälligkeit werden vom Gericht bestimmt. — Für Anwendung dieser Vorschriften auf Fälle von Miturheberschaft (Art. 10) s. Greco, Collaborazione creativa, Nr. 9; Ascarelli aaO. S. 525. — Ein Rücktrittsrecht des Urhebers ist schon in § 35 des *deutschen* Verlagsgesetzes (1901) anerkannt, jedoch nur bis zum Beginn der Vervielfältigung und nur bei Eintritt unvorhergesehener Umstände; um jedoch die Härte dieser Bedin-

III. Das einheitliche Recht am Filmwerk in Rechtslehre und Gesetzgebung

12. Die Schwierigkeiten im Gemeinschaftsverhältnis. — Die Konzeption und der Rechtsbegriff vom zusammengesetzten Werk, und vor allem die Anwendung auf den Fall des Filmwerks, finden nicht überall Erwähnung in der Lehre und in den Gesetzen. Nicht, daß heute nicht entschieden die Tendenz zur einheitlichen Betrachtung des Filmwerks überwiegen würde. Es wurde bereits erwähnt, wie sich eine solche Tendenz auch in den Entwürfen jener Länder [92]) dokumentiert, die, weil sie im Prinzip dem Vorurteil verhaftet sind, daß die getrennte Benutzung der Teile die Anerkennung der Einheit des „zusammengesetzten" Werkes verhindert, mit dem Begriff der „verbundenen" Werke arbeiten und für diese das Gemeinschaftsverhältnis zwischen Urhebern ausschließen. Doch verbleibt das Widerstreben, unter der Voraussetzung und mit allen sich daraus logisch ergebenden Konsequenzen anzuerkennen, daß das Filmwerk, obwohl es eine Einheit bildet, doch aus der Kombination mehrerer Werke und aus der *Mitarbeit* mehrerer Urheber resultiert.

Das Widerstreben erklärt sich durch die praktischen Schwierigkeiten, denen diese Konsequenzen beim Filmwerk begegnen, vor allem in Ausübung des „droit moral". Wie bereits erwähnt wurde, fließt das „droit moral", das unauflöslich an die Person des Urhebers gebunden bleibt, in das Gebiet des Vermögensrechts ein, gleichviel, ob die monistische oder die dualistische Theorie den dogmatischen Aufbau des Urheberrechts bestimmt, und gleichviel auch, wer der Inhaber der Verwertungsrechte ist. Die Verwertungsrechte lassen sich wegen ihrer Übertragbarkeit stets konzentrieren und konzentrieren sich praktisch auch im allgemeinen in den Händen einer Einzelperson, die nicht der Urheber ist. Unbeschadet der Urheberschaftsfrage kann gesagt werden, daß die Ausübung von Befugnissen aus dem „droit moral", auch wenn dafür Bedingungen festgelegt sind, Störung oder Lähmung verursachen kann, da solche Befugnisse auf jedwede Nutzungsart des Werks und auf jedweden einwirken, der zur Nutzung berechtigt ist: das Recht der Nichtveröffentlichung, das

---

gungen zu mildern, kann der Urheber auf § 26 VerlGes. zurückgreifen und verlangen, daß ihm der Verleger zum niedrigsten Verkaufspreis die verfügbaren Abzüge des Werkes verkauft. Vgl. Ulmer, aaO. § 69 S. 275. Im *deutschen* Referenten-Entwurf § 34, ist das Rückrufsrecht für den Urheber immer gegeben, wenn ihm „wegen gewandelter Überzeugung" die Verwertung des Werkes nicht zugemutet werden kann. — Für das *französische Recht* s. Desbois, aaO. Nr. 550 f.; Le Tarnec, aaO. Nr. 33 und das neue Gesetz von 1957: Art. 33.

[92]) S. oben Ziff. 4 des Textes und Anm. 28.

ausgeübt werden kann, solange die bereits regelmäßig erlaubte Veröffentlichung nicht stattgefunden hat; das Recht zur Zurückziehung des Werks aus dem Verkehr, dem es zuvor rechtmäßig zugeleitet wurde; schließlich, was auch des öfteren praktisch wird, das Verbotsrecht gegen die Verstümmelung oder Entstellung des Werks, wenn dadurch die Ehre oder der Ruf des Urhebers beeinträchtigt werden kann.

Diese Einwirkungen auf die Nutzungsrechte können deren Vergebung allein schon in den Beziehungen der Miturheber untereinander erschweren. Bei Meinungsverschiedenheiten in Fragen, die die Nutzung betreffen (z. B. die Veröffentlichung), und bei denen das „droit moral" hineingespielt, kann nicht auf eine Mehrheitsentscheidung gezählt werden; man muß sich an das Gericht wenden [93]). Die Schwierigkeiten verschärfen sich um so mehr, je größer die Anzahl der Miturheber eines Filmwerks ist. Auch wenn nicht der weitverbreiteten Tendenz gefolgt und für den Charakter der filmschöpferischen Tätigkeit allein auf Arbeiten im Vorgang der filmischen Realisierung abgestellt, sondern statt dessen jene mehr einschränkende Regelung des italienischen und des französischen Gesetzes [94]) vernommen wird, ist die Waffe des „droit moral" doch stets gegeben und, meistens individuell nutzbar, in die Hände einer beträchtlichen Anzahl von Miturhebern gelegt.

Diese durch die Einwirkung des „droit moral" geschaffenen Schwierigkeiten verstärken sich besonders beim Film. Der Hersteller braucht ein Höchstmaß an rechtlicher Sicherheit für die Auswertung der Filme, zumal er erhebliche Kosten und Produktionsrisiken zu tragen hat. Manche führen auch noch das Argument vom sozialen Nutzen an [95]). Nach dem Vorhergesagten würde dafür aber selbst die

---

[93]) S. oben Ziff. 11 des Textes und Anm. 87.

[94]) S. oben Anm. 36 und 37.

[95]) Die Gefahrengründe für die Hersteller sind zusammengefaßt im *Rapport de la Fédération internationale des Associations de producteurs de films sur la cinématographie et le droit d'auteur* in „Le droit d'auteur", 1954, S. 45 f. Im entgegengesetzten Sinn, wohl ausgehend von der Annahme, daß die Ausübung des droit moral nicht in Mißbrauch ausarten muß. s. *Rapports présentés par l'Association littéraire et artistique internationale sur la cinématographie et le droit d'auteur*, in „Le droit d'auteur", 1954 S. 28 f.; *Rapports sur la cinématographie et le droit d'auteur présentés par la Fédération internationale des auteurs des films, à son Congrès de Venise, en août 1953*, in „Le droit d'auteur", 1954 S. 61 f., worin u. a. auch zum Ausdruck gebracht wird (S. 64, 65), daß „le film, avant d'être l'objet de traitements industriel et commercial est — comme le libre du reste — une œuvre de création". Für eine objektive Auslegung des Problems und ihre möglichen Lösungen s. Ulmer, Consultation sur la cinématographie et le droit d'auteur, in „Le droit d'auteur", 1953, S. 97 f., und dessen Rapport complémentaire, aaO. 1954 S. 108 f.; beides deutsch in GRUR, Auslands und Internationaler Teil 1953, 182 ff. und 1954, 206 ff. In einer Ideenfolge, die sich der Auffassung von Ulmer nähert: *Memoire de l'Union Européenne de Radiodiffusion* in „Le droit d'auteur", 1954, 81.

weitestgehende Zuweisung an Verwertungsrechten nicht genügen, die dem Hersteller übrigens schon regelmäßig kraft Vertrages von den Miturhebern übertragen oder eingeräumt werden. Um den Schutz des Herstellers zu verstärken, müßte die Waffe des „droit moral" in den Händen der Miturheber gestutzt werden, eine Waffe, die, ohne die Sorgen um die Interessen des Herstellers zu übertreiben, nicht selten, wie zugegeben ist, zur Deckung von Spekulationen, die mit Moral wenig zu tun haben, mißbraucht wird, besonders durch Maßnahmen im Wege der einstweiligen Verfügung, wodurch, wie beim Verbot des Films, unersetzlicher Schaden verursacht werden kann, während andererseits gerade einstweilige Verfügungen wirksamer oder überhaupt die einzig wirksamen Mittel sind, um Verletzungen des „droit moral" zu vermeiden, die ebensosehr und vielleicht noch reparabel sind [95a]).

Man gelangt so zu folgender Alternative: entweder wird das „droit moral" der Miturheber des Films unter Verzicht auf einen vollständigen Schutz des Herstellers gewährleistet, oder aber es wird mit der Vereinigung aller zum Film gehörigen Rechte in der Person des Herstellers das „droit moral" der Miturheber geopfert. Je nachdem, ob sie mehr zur einen oder zur anderen Seite der Alternative neigen, werden für die Regelung zwei Richtungen unterschieden: die pluralistische und die monistische Regelung. Jede der beiden Lösungen hat ihren Niederschlag in Gesetzen und Gesetzesentwürfen verschiedener Länder gefunden. Die Aufnahme ist geteilt. Es erscheint angezeigt, die Grundlinien der beiden Lösungen näher zu skizzieren und sie miteinander zu vergleichen.

13. Pluralistische Lösungen. — Für die Beurteilung der ersteren Richtung läßt sich an Hand des italienischen und des neuen französischen Gesetzes eine objektive Grundlage gewinnen; das Filmwerk wird als ein charakteristisches Geisteswerk betrachtet, das sich aus der Einfügung und der Kombination mehrerer getrennter Beiträge einer verschiedenartigen Geistestätigkeit ergibt und daher ein „zusammengesetztes" Werk im spezifischen, oben erklärten Sinne ist. Als Kriterium dient der urheberrechtliche Werkcharakter.

Die Beiträge müssen, um urheberrechtlich bedeutsam zu sein, die doppelte Eigenschaft aufweisen:

a) — Sie müssen mit Sicherheit *Geistesschöpfungen* bilden. Einige, wie die literarischen und die musikalischen Beiträge, gehören bereits zu den anerkannten Arten einer urheberrechtlich bedeutsamen

[95a]) S. Giannini in "Il diritto di autore", 1952, 457 f.

Tätigkeit. Die künstlerische Leitung in der Realisation der filmischen Ausdrucksform hat einen schöpferischen Charakter, wie nunmehr von den Fachleuten und allgemein übereinstimmend anerkannt wird [96]);

b) — sie müssen eine eigene persönliche Note besitzen, die sich in den wesentlichen Zügen des Gesamtwerkes widerspiegelt und hervortritt. Darüber hinaus wird eine solche Beschaffenheit nicht für andere Tätigkeitsarten der filmischen Realisation anerkannt, denen ein schöpferischer Charakter entweder gänzlich fehlt, oder bei denen er sehr zweifelhaft oder doch umstritten ist, oder bei denen er sich in geringerem Grade zur Erledigung vorwiegend ausführender Aufgaben zeigt, ohne daß eine solche Tätigkeit im Filmwerk die Züge einer ausgeprägten Individualität hinterließe, vielmehr im Handlungs- und Wirkungsbereiche einer urheberrechtlich stärkeren Tätigkeit von dieser, wie derjenigen des Regisseurs, absorbiert wird [97]). Dem derart hergeleiteten Kriterium gelingt es im praktischen Ergebnis, die Miturhebereigenschaft auf eine kleine Anzahl von Personen zu begrenzen und andererseits die Inkongruenz und Ungerechtigkeit zu vermeiden, daß diesen Personen die filmurheberrechtliche Qualifikation abgesprochen wird, weil sie für andere Mitarbeiter nicht sicher ist.

Wenn so die Tätigkeitsarten, die zur Schöpfung des Filmwerks beitragen, bestimmt sind und Übereinstimmung auch darin besteht, daß Werke, die für den Film nur mittelbar verwendet werden (siehe Nr. 5), den vorbestehenden Werken und deren Urhebern zurechnen, kann doch noch fraglich sein, ob die Miturhebereigenschaft von der „Mitarbeit" abhängt. Das wesentliche Merkmal auch im engsten Sinne dieses Begriffes besteht in der Bedingung, daß die im Gesamtwerk zusammenfließenden Beiträge aus erster oder zweiter Hand für die Zwecke dieses Werkes und um an ihm teilzuhaben geschaffen wurden. Nur in diesem Fall führen die gemeinsamen Inspirationen und der aktive Einsatz zu einem Ergebnis, bei dem von einer „Mitarbeit" gesprochen werden kann (siehe oben Ziff. 5). Diese Bedingung aber fehlt mit Sicherheit bei den vorbestehenden Werken.

---

[96]) Wie Desbois, aaO. Nr. 181 zutreffend bemerkt:

„la règle de droit ne peut aller à l'encontre de l'opinion accueillie par le plus grand nombre, qu'elève la cinématographie au rang d'un septième art; elle ne peut nier l'expérience, qui révèle la pluralité des activités créatrices auxquelles est dû l'éclat de ses succès."

[97]) Vgl. oben im Text Ziff. 4 und Anm. 22 und 31.

Im französischen Gesetz ist klar, daß grundsätzlich beabsichtigt worden ist, die Qualifikation zum Miturheber auf den Umstand der Mitarbeit im vorerwähnten Sinne zu begründen und nur unmittelbar für den Film geschaffene Werke zu erfassen. Das geht nicht nur aus dem ausdrücklichen Hinweis auf die Mitarbeit „réalisée en collaboration" im Art. 14 hervor, sondern auch daraus, daß die Qualifikation, Miturheber zu sein, nur für solche Beiträge gewährt wird, die ihrer Natur nach eigens für den Film bestimmt sind (Drehbuch, Bearbeitung, gesprochener Text, Regie) und aus der Tatsache, daß bei dem einzigen Beitrag, der in sich selbst diese Bestimmung nicht hat (die Musik), daran gedacht worden ist, hervorzuheben, daß es sich um „musique spécialement composée pour l'œuvre" handeln muß.

Der letzte Absatz desselben Art. 14 weicht jedoch von dieser Richtung ab, und zwar mit einer Vorschrift, die schwerlich auch nur unter dem Gesichtspunkt der Zweckmäßigkeit gerechtfertigt ist [98]): „Lorsque l'œuvre cinématographique est tirée d'une œuvre ou d'un scénario préexistants encore protégés, les auteurs de l'œuvre originaire sont assimilés aux auteurs de l'œuvre nouvelle".

Das italienische Gesetz, das wohl bei dramatisch-musikalischen Werken von Mitarbeit spricht, schweigt darüber bei Filmwerken. Zudem zählt es bei den Filmwerken neben den Urhebern des Drehbuchs und der Musik und dem künstlerischen Leiter als Miturheber auch den Urheber des literarischen Stoffes auf. Dieses letztere Werk kann auch vorher und unabhängig von seiner filmischen Verwendung geschaffen worden sein. Das Gesetz fügt auch nicht, wie dies das französische Gesetz in Art. 14 tut, hinzu, daß es sich um eine eigens für den Film geschaffene Musik handeln muß (Art. 44).

Trotz alledem scheinen in Italien Lehre und Rechtsprechung bisher mit der einschränkenden Interpretation der Gesetzesvorschrift und folglich der Qualifizierung als Miturheber richtig verfahren zu sein, wenn sie nur auf die Urheber der zur Teilnahme an Filmen

---

[98]) Vgl. Desbois, aaO. Nr. 196; Peter, aaO. S. 177. Dagegen schon im Sinne des neuen Gesetzes, einige Urteile, wie App. Paris, 17. Juli 1953 in Revue Internationale du Droit d'Auteur, 1954, II, 106, das Sardou, als dem Verfasser des Urdramas „La Tosca" die Eigenschaft eines Miturhebers — obwohl nicht des Mitarbeiters — der gleichnamigen und von Puccini vertonten Oper nach Textbuch von Giacosa und Illica, das vom Drama entlehnt wurde, zuerkannte. Über die Gleichstellung unter den Urhebern der vorbestehenden Werke und den Urhebern des Films, s. Ulmer in GRUR 1955, 522, 525. Die Frage ist anders — sie wurde auch im genannten Urteil behandelt —, wenn die Erlaubnis, das Drama für ein musikalisches Textbuch zu bearbeiten, auch die Erlaubnis für nachfolgende Bearbeitungen der abgeleiteten Oper enthält. Darüber s. Vilbois, in „Revue Internationale de Droit Intern.", 1954, II, 47.

geschaffenen Werke Bezug nehmen, also auf Mitarbeiter am Filmwerk, unter Ausschluß also der vorbestehenden Werke [99]).

14. Vertragsbeziehungen zwischen den Mitarbeitern und zum Hersteller. — Welcher Art die rechtlichen Beziehungen sind, auf denen die schöpferische Mitarbeit am Werk gegründet werden kann, ist ein Punkt, den das italienische und das französische Gesetz im dunkeln lassen, und nicht zu Unrecht. Im allgemeinen handelt es sich um vertragliche Beziehungen, aber die Art dieser Beziehungen kann verschieden sein, wie in der Form eines Gesellschaftsvertrages, eines Werkvertrages oder eines eigentlichen Arbeitsvertages. Nach dem Prinzip der Vertragsfreiheit besteht kein Grund für die Gesetzgebung, die Miturheber auf die eine oder die andere Vertragsart festzulegen und auch nicht, ihnen die Möglichkeit zur vertraglichen Regelung zu nehmen, wenn sie diese bevorzugen, wogegen die von zwingenden Rechtsnormen gezogenen Grenzen erhalten bleiben, unter welcher Art von Verträgen der Urheber auch wirken mag. Das ist der Fall beim „droit moral", das von der Person des Urhebers und der Miturheber untrennbar ist, und bei der Miturheberschaft allen gemeinsam ist (s. oben Ziff. 10). Durch nichts ist indessen verboten, daß sich für die Schaffung eines Filmwerks die „Miturheber" zu einer Gesellschaft zusammenschließen, um in dieser nicht nur ihre eigentlichen schöpferischen Aufgaben, sondern auch die technische und finanzielle Organisation der Filmherstellung zu verwirklichen und entsprechend auch die wirtschaftlichen Risiken übernehmen [100]). Der Fall ist übrigens selten, wenn er schon in der Praxis überhaupt vorkommen sollte. So erklärt es sich, daß die Gesetze regelmäßig ein eigenes Rechtssubjekt in Gestalt einer physischen oder moralischen Person dazwischenschalten, das die Aufgabe und die Risiken jener Organisation übernimmt, nämlich den sog. Hersteller (Unternehmer), und daß der Vertrag, gleichviel welcher Art er ist, zwischen den Miturhebern und dem Hersteller dessen Rechte zur Verwertung des Films regelt.

Die Auffassung, das italienische Gesetz nähme einen Werkvertrag oder einen Arbeitsvertrag mit untergeordnetem Dienstverhältnis

---

[99]) Trib. Rom, 25. März 1950, „Il diritto di autore" (Roma), 1950, 64; De Sanctis, Il nuovo diritto, Nr. 13. Vgl. Peter, aaO. S. 117.

[100]) Über die Beziehungen zwischen einer solchen Gesellschaft und den Miturhebern und über den Unterschied, ob sich diese lediglich zur Erbringung einer schöpferischen Tätigkeit oder auch zur wirtschaftlichen Auswertung des Werkes zusammenschließen, siehe Greco, Collaborazione creativa, Nr. 5 und dortige Angaben.

an [101]), scheint sich auf Art. 46 zurückzuführen, wonach sich die vom Hersteller den Miturhebern geschuldete Vergütung in der Form eines festen Entgelts oder eines Prozentsatzes vom Ertrag der öffentlichen Vorführung des Films bemißt. Nicht anders ist es im französischen Gesetz, wo Art. 17, Abs. 3, bestimmt, daß „les auteurs de l'œuvre cinématographique . . . . sont liés au producteur par un contrat qui, sauf clause contraire, emporte *cession* à son profit du droit exclusif d'exploitation cinématographique"; es wäre in der Tat nicht notwendig gewesen, diese Wirkung gesetzlich festzulegen, wenn man sich auf einen Vertrag bezogen hätte, der die Abtretung der Verwertungsrechte an den Hersteller zum Gegenstand gehabt hätte; wäre dagegen die Hypothese einer Gesellschaft zwischen den Miturhebern und dem Hersteller vorausgesetzt worden, so wäre nicht von einer Abtretung gesprochen worden, weil der Gesellschaftsvertrag auf Einlagen und nicht auf eine Abtretung gerichtet ist [102]). Was der Art. 17 des französischen Gesetzes ausdrücklich mit dem Vorbehalt der anderweitigen Vereinbarung besagt, hat auch für das italienische Gesetz zu gelten, obwohl hier ein diesbezüglicher Vorbehalt fehlt.

Die Verwertungsrechte können nach dem französischen Gesetz unbeschränkt abgetreten werden, so daß der Hersteller, soweit dies mit dem „droit moral" der Miturheber vereinbar ist, den größtmöglichen Schutz auf dem Gebiete des Vermögensrechts erlangt und alle Machtbefugnis sich in seinen Händen vereinigt. Ein solcher Umfang der Abtretung entspricht den Geboten der Logik und der Gerechtigkeit. Die Werk- oder Arbeitsverträge, auf Grund deren Beiträge der Miturheber geschaffen und die geschuldeten Vergütungen an sie gezahlt werden, sind für die Zwecke des Herstellers abgeschlossen, und es könnte nicht anders sein, als daß auch das Recht der wirtschaftlichen Nutzung des Werks bei ihm liegt [103]), wie dies

---

[101]) Es ist, wenigstens nach *italienischem* Recht, durchaus miteinander vereinbar, daß jemand ein Angestellter oder allgemein ein untergeordneter Arbeitnehmer ist und doch schöpferische Leistungen erbringt, u. a. ist nach Art. 2094 des *ital.* BG auch die untergeordnete Arbeit Mitarbeit im Unternehmen. Siehe für den Fall des angestellten Regisseurs: Cassazione 5. Juni 1950 Nr. 1411 und zuletzt Cassazione 9. Januar 1957, Nr. 32 „Il Foro Ital." 1957, I. 571. Für die *deutsche* Lehre im gleichen Sinne Runge, aaO. S. 266. Ob mit einer solchen Voraussetzung der *recesso ad nutum* im Verlaufe der Herstellung eines vom Regisseur geleiteten Films zulässig ist, siehe Greco, Collaborazione creativa. Anm. 43.

[102]) Die *französische* Rechtsprechung hat es jedoch bisher für ausgeschlossen erklärt, daß die Tätigkeit des Filmregisseurs mit der Stellung eines Angestellten vereinbar ist: App. Paris, 14. Juni 1950, „Il diritto di autore" (Roma), 1951, 131; und die Angaben in Le Tarnec, aaO. Nr. 202.

[103]) Logisch richtig und organisch geregelt im *englischen* Gesetz, das, wenn Werke in Erfüllung eines Arbeitsvertrages geschaffen werden, das *copyright*, also das Vermögensrecht des Urhebers, unmittelbar dem Unternehmer oder Arbeitgeber zuspricht: schon Ziff. 8 Abs. 1b des Copyright Act, 1911, jetzt Ziff. 4 Abs. 4 des neuen Gesetzes.

auf seiner Seite die unternehmerische Initiative, die produktionsmäßige Organisation, die aufgewendeten Kosten und die übernommenen Risiken rechtfertigen.

Einschränkender und daher weniger berechtigt ist die Regelung der Rechte des Herstellers im italienischen Recht. Der Art. 45 gebraucht in seinem Abs. 1, statt klar und richtig von einer eigenen rechtlichen Zuständigkeit des Herstellers zu sprechen, die zweideutige Formel von der Berechtigung zur *Ausübung* der Rechte der wirtschaftlichen Verwertung, die dem Filmhersteller zusteht. Wörtlich genommen, könnte daraus gefolgert werden, daß der Hersteller nur ein *Bevollmächtigter* der Miturheber ist. Eine solche Auffassung stände jedoch im Widerspruch zu der Voraussetzung, von der auch das italienische Gesetz ausgeht, daß die Beziehungen zwischen den Miturhebern und dem Hersteller auf Werk- und Arbeitsverträge begründet sind, die für die Zwecke des Herstellers geschlossen werden, mit der Folge, daß er als Gegenleistung für die Vergütung, zu der er sich den Miturhebern verpflichtet hat, die Verwertungsrechte erhält und diese Rechte im eigenen Namen und für eigene Rechnung verwerten kann [104]).

Auch wenn dies eine lediglich formelle Frage in Bezug auf die im Gesetz gewählte Ausdrucksweise sein sollte und die Gesetzesfassung vom Interpreten unschwer berichtigt werden kann, bleibt doch für die Gesetzesbestimmung wesentlich, daß sie den Hersteller auf die „filmische" Verwertung des hergestellten Werkes beschränkt (Art. 46, Abs. 1); es sind jene Rechte ausgeschlossen, die die Bearbeitungen, Umarbeitungen oder Übersetzungen des Filmwerkes betreffen und für die, falls keine anderweitige Vereinbarung getroffen wurde, die Zustimmung der Miturheber (Art. 46, Abs. 2) einzuholen ist. Der Ausschluß von Rechten mag bis zu einem gewissen Grade für Bearbeitungen und Umarbeitungen begründet sein. Aber er ist unerklärlich und immerhin übertrieben bei Übersetzungen, denn die fremdsprachige Synchronisierung („doublages") gehört nun einmal zu den gebräuchlichen Mitteln der Auswertung von Filmen [105]).

15. Das *droit moral* an vorbestehenden Werken. — Die schon hervorgehobene Unterscheidung zwischen Urhebern vorbestehender Werke, die für den Film verwendet werden, und Mitarbeiter-Miturhebern, die in ursprünglicher oder in abgeleiteter Weise die den Film bildenden Teile schaffen und an dem Herstellungsprozeß teilnehmen, sollte zur Klärung und zur Vereinfachung der Probleme dienen und in gewissem Maße auch die

[104]) Greco, Collaborazione creativa, Nr. 17; Ascarelli, aaO. S. 522 bis 523. Anders: Lyon-Caen und Lavigne, aaO. Nr. 361.
[105]) Greco, Collaborazione creativa, Nr. 19.

Schwierigkeiten verringern, die sich aus den möglichen und nicht seltenen Konflikten ergeben, die zwischen den Interessen der Hersteller und denen der Miturheber bei der Verteidigung der Ansprüche aus dem „droit moral" entstehen.

Diese Probleme sind verschieden, je nachdem, ob es sich um Urheber vorbestehender Werke oder aber um Mitarbeiter-Miturheber handelt.

Bei den Urhebern vorbestehender Werke kann das „droit moral" ihr eigenes ursprüngliches Werk nur vor dem Schaden schützen, der ihnen durch ihre Art zugefügt werden kann, wie dieses Werk bearbeitet und dem Film angepaßt worden ist. Das „droit moral" schützt nicht gegen die Bearbeitung als solche, wenn sie einem anderen Urheber zukommt, um so weniger schützt es vor Abänderungen im Prozeß der filmischen Realisierung.

Der Ursprungsautor kann das „droit moral" auch immer nur innerhalb gewisser Grenzen geltend machen. Er kann, wenn er das Recht zur Bearbeitung für den Film vergeben hat, ohne dieserhalb besondere Einschränkungen und Verbote vereinbart zu haben, sich nicht über die Abänderungen oder Umänderungen beklagen, so beträchtlich sie auch sein können, die vom Bearbeiter oder vom Regisseur, dessen persönlichen Kriterien entsprechend, bei der Realisation vorgenommen worden sind, wie sie ihm durch den Effekt des filmischen Ausdrucks, den sie zu erreichen beabsichtigen, eingegeben wurden. Eine Kontrolle durch den Ursprungsautor in dieser Materie ist sicherlich erst zulässig, wenn das „droit moral" in den ihm gesetzlich gezogenen Grenzen auch im Falle der Abtretung der Bearbeitungsrechte zur Entfaltung gelangt (Art. 6bis Abs. 1 RBÜ, Brüsseler Fassung; Art. 20 ital. Gesetz), was bedeutet, daß derartige Abänderungen, um gegen das „droit moral" zu verstoßen, seine *Ehre* oder seinen *Ruf* beeinträchtigen müssen [106]). In solchen Fällen

[106]) Die *italienische* Rechtsprechung neigt zu Einschränkungen. Der Kassationshof hat am 16. Mai 1955, Nr. 1431 „Il Foro Padano", 1956, 1247, entschieden, daß die Anforderungen für eine Berufung auf Art. 20 des Gesetzes besonders streng sein müssen. Die Prätur von Rom entschied am 8. Februar 1954, „Foro Italiano", 1954, I, 707, daß im Falle der Abtretung des Rechts, die Musik einer lyrischen Oper für Filmzwecke zu bearbeiten, der Ruf des Komponisten nicht beeinträchtigt ist, wenn für seine Musik Umgebung, Lage und Bühnenausstattung anders als für das ursprüngliche Werk gewesen sind, auch wenn die Harmonie zwischen Gegenstand und Musik, wie sie die Oper selbst inspiriert hatte, entstellt bleibe. Siehe die verschiedenen in „Rivista di diritto industriale", 1954, I, 37 dargelegten Ansichten. Außerdem Desbois, Droit d'auteur, Nr. 579 f., die scharfsichtigen Betrachtungen von Michaélidès-Nouaros, Le droit moral, Nr. 146 f., Nr. 149, auch was die größere Tragweite der verlangten Abänderungen für die vorbestehenden Werke betrifft. In jedem Falle sollte die Verletzung des droit moral des Komponisten unbestreitbar sein, wenn seiner Musik in der Filmanpassung Musik anderer Art und eines anderes Komponisten eingefügt wird, wie das Zivilgericht der Seine. 27. Juli 1937, „Il diritto di autore" (Roma), 1938, 521, richtig entschied.

freilich kann, gleichviel welcher Schaden daraus für die Auswertung des Films oder deren Behinderung dem Hersteller und den Miturhebern erwächst, dem Ursprungsautor der Schutz nicht verweigert werden, wenigstens nicht in den Ländern der Berner Union [107]).

Die Gesetze können jedoch dem Erwerber der Bearbeitungsrechte und daher den Miturhebern und dem Filmhersteller geeignete Behelfe an die Hand geben, um Klagen der Ursprungsautoren zuvorzukommen und zu vermeiden, daß diese später geltend gemacht werden können. In dieser Richtung bewegt sich Art. 22 Abs. 2 des ital. Gesetzes, der sich deutlich auch auf das Erfordernis einer Schädigung der Ehre oder des Rufes bezieht, wie aus seinem Abs. 1 in Verbindung mit Art. 20 Abs. 1 hervorgeht. Danach ist der Urheber, wenn er die Abänderungen seines Werkes kennengelernt und gutgeheißen hat, *nicht mehr berechtigt, die Aufführung des geänderten Werkes zu verhindern oder das Verbot der Abänderungen zu verlangen.* Auf diese Weise kann sich der Hersteller gegen die Gefahr und den Schaden, daß der Absatz des Films durch die Ausübung des „droit moral" verhindert oder verzögert wird, sichern. Er braucht nur dem Urheber die beabsichtigte oder bereits ausgeführte Abänderung seines Werkes bekanntzugeben: falls er von ihm die Zustimmung erhält, wird jede Streitfrage beseitigt; falls sie ihm der Urheber verweigert, kennt er die Sachlage und kann sich, je nach den Gründen der Verweigerung, seinerseits entsprechend verhalten [108]).

16. Das *droit moral* der Miturheber des Filmwerks. — Was die Mitarbeiter-Miturheber betrifft, so müssen ihre geistigen Schutzinteressen getrennt betrachtet werden, je nachdem, ob es sich um Abänderungen ihrer eigenen Beiträge im Verlaufe der Herstellung des Films handelt, oder ob sich die Abänderungen auf den

---

107) Auch im *englischen* System bleibt das droit moral des Urhebers, der die Verfilmung seines Werks genehmigt hat, gegen Entstellungen geschützt, wie ausdrücklich anerkannt wird, obwohl auf das *common law*, „Report of The Copyright Committee", Nr. 110, 229 f. hingewiesen wird.

108) Für eine darauf abzielende Lösung bereits der Mustervertrag zwischen der *französischen* Gesellschaft der dramatischen Autoren und Komponisten und der Syndikatskammer des Filmwesens, wiedergegeben in „Il diritto di autore", 1930, 27 ff. Es wurde darin festgestellt, daß der Hersteller von den Urhebern der ursprünglichen Werke den Titel, das Drehbuch in seinen großen Linien und den gesprochenen Text des Films genehmigen lassen mußte. Bei fehlender Übereinstimmung wurden die Fragen durch Schiedsspruch entschieden. Danach hätten sich die Urheber der Auswertung des Films nicht mehr entgegenstellen können, „ni entraver de quelque manière que ce soit le cours de son exploitation, le producteur en conservant d'entière direction". Es mag sein, daß dieses Abkommen vielleicht den Urhebern der filmisch benutzten Werke mehr an Rechten als notwendig gewährt hat, da, wie es im Vertragstext heißt, schon die Feststellung genügt, die Art der Benutzung sei nicht derart gewesen, daß dadurch die Ehre oder der Ruf des Urhebers beeinträchtigt worden wäre.

Film selbst beziehen. Aber weder im einen noch im anderen Falle dürfen die Ansprüche so ausgeübt werden, daß die Auswertung des Films ernstlich behindert wird und die rechtmäßigen Interessen des Herstellers dem „droit moral" der Miturheber geopfert werden.

Die Urheber, die an der Herstellung des Films selbst mitarbeiten, können in der Regel nicht einwenden, sie hätten von den Abänderungen ihrer Beiträge keine Kenntnis erhalten [109]). Hier kann gesagt werden, daß die Entlastungsvorschrift des Art. 22 Abs. 2 des ital. Gesetzes zugunsten des Herstellers automatisch wirkt. Für den übrigens nicht sehr häufigen Fall, daß praktisch der Miturheber über die beabsichtigten oder vorgenommenen Abänderungen seines Beitrags im dunkeln bleibt, würde das oben über die Verpflichtung des Herstellers Gesagte gelten: der Regisseur hätte die Abänderungen rechtzeitig im Laufe der Herstellung des Films und vor dessen endgültigem Schritt zur Kenntnis des Miturhebers zu bringen [110]). Falls sich der Mitarbeiter widersetzt, kann sich der dann gegebene Streitfall dahin auswirken, daß die Herstellung des Films eingestellt wird. Die Gesetze sollten es ermöglichen, daß eine Unterbrechung schnell beendet wird. Es könnte z. B. auf eine Entscheidung von Sachverständigen abgestellt werden, mit der, ohne daß damit ein etwaiger Prozeß im ordentlichen Verfahren ausgeschlossen sein sollte, die Herstellung des Films einstweilen fortgeführt oder aber abgebrochen wird; freilich müßten dann im positiven Falle gerichtliche Verbote oder Beschlagnahmehandlungen unterbleiben.

Die Vorschrift des Art. 47 des ital. Gesetzes hätte in diesem Sinne wirken können, wenn sie klarer und besser durchdacht gewesen wäre. Die Vorschrift überträgt einem Ausschuß von Technikern, die genauer als „Sachverständige" zu bezeichnen gewesen wären, die Entscheidung über die „Feststellung der Notwendigkeit der am Filmwerk angebrachten oder anzubringenden Abänderungen". Von sonstigen Einwendungen abgesehen [111]), kann stark bezweifelt wer-

---

[109]) Gemeint sind nebensächliche Abänderungen oder Einzelheiten, im Hinblick darauf, daß, wie Ulmer, GRUR 1955, 521 bemerkt, „wesentliche Akte der Schöpfung noch während der Dreharbeiten erbracht werden können".

[110]) Vgl. Plaisant, aaO. Fasc. 17 Nr. 46 bis; oder noch vor Abnahme der Standard-Kopie (siehe darüber Art. 16 des *französischen* Gesetzes): Saporta, aaO. S. 320—321, abgesehen von Saportas verfehlter Unterscheidung, daß der Film ein Werk der Mitarbeit vor der Abnahme einer solchen Kopie und anschließend ein Sammelwerk wäre (darüber s. oben Anm. 53).

[111]) Nach de Sanctis, Il nuovo diritto, Nr. 21, sollte der 2. Abs. des Art. 47 nicht die Abänderungen während des Vorganges der Herstellung des Films betreffen, sondern nur jene Abänderungen, die seiner Beendigung folgen. Der Wortlaut scheint jene Ansicht zu bekräftigen, aber die das Gesetz damals vorbereitenden Arbeiten sprechen für alles andere als zu seinen Gunsten und scheinen weit mehr geeignet zu sein, die diesbezüglichen Gedanken zu verwirren als zu klären. Siehe darüber Greco, Collaborazione creativa, Nr. 18 und Pretura Roma, 16. Nov. 1953 „Il diritto di autore", 1953, 516.

den, daß für die Feststellung, die erforderlich ist, um die vom Hersteller und für den gewöhnlich vom Regisseur oder vom künstlerischen Spielleiter gewollten Abänderungen zu legitimieren, die *Notwendigkeit* im eigentlichen Sinne gemeint ist und daß es nicht genüge, wenn festgestellt wird, die Abänderungen seien nach Art. 20 nicht derart, daß durch sie die Ehre oder der Ruf des interessierten Miturhebers beeinträchtigt wird. Daß es sich nur um die Feststellung des Vorliegens oder des Fehlens einer solchen Beeinträchtigung handeln kann, ergibt sich aus zwei Überlegungen:

aa) — Auch wenn Abänderungen nicht „notwendig" sind, können sie doch den Neigungen — im allgemeinen des Regisseurs — der Intuition und der persönlichen Auffassung desjenigen entsprechen, der unter den Mitarbeitern die Realisation mit Bezug auf die verschiedenen Beiträge leitet: im Bereiche der Kunstwerke, wo typisch die Urteilsfreiheit des Künstlers vorherrscht, erscheint eine Beziehung zur Notwendigkeit über das, was zu tun und was nicht zu tun ist, um die Arbeiten zu Ende zu führen, gänzlich fehl am Platze.

bb) — Die Mitarbeiter verpflichten sich mit dem Vertrag, der die Mitarbeit festlegt, ihre Beiträge für den Zweck der Verfilmung zu schaffen. Die Mitarbeiter akzeptieren damit auch stillschweigend alle jene Abänderungen, die der Auffassung desjenigen entsprechen, der der filmischen Realisation vorsteht [112]), ausgenommen, was die Mitarbeiter weder stillschweigend noch ausdrücklich akzeptieren können, nämlich den Schaden an ihrer Ehre und an ihrem Rufe (Art. 20), es sei denn, daß sie derartige Abänderungen gekannt und gebilligt haben (Art. 22 Abs. 2). Dazu kommt, daß die Frage einer Schädigung der Ehre und des Rufes bei Werken oder bei Teilen von Werken, die bestimmt sind, kombiniert zu werden ,und sich zu einem zusammengesetzten Werk zu verschmelzen, nicht isoliert für den betreffenden Teil beurteilt werden sollte, sondern nur im Gesamtbild der Auffassungen und der Wirkungen des einheitlichen Werkes, wobei auch die Funktion, die der Teil entfaltet, und deren Ergebnis gebührend mit zu berücksichtigen wären.

b) — Wenn die Mitarbeiter als Urheber der einzelnen Beiträge auch Miturheber des Filmwerks sind, kann ihnen logischerweise nicht das Recht abgesprochen werden, sich auch gegen Abänderun-

---

112) Es ist richtig, daß wie Pfennig, aaO. S. 185, hervorhebt, die Urheber oft eine große Empfindlichkeit zeigen und sich jeweils beeinträchtigt glauben, wenn sie ihren eigenen Beitrag im Film nicht vollständig wiederfinden. Aber dies hat nichts mit dem Fall der Beeinträchtigung der Ehre oder des Rufes zu tun, worüber sich mit Recht nur ein Urheber beklagen kann, der die Anpassung seines Werkes an den Film genehmigt hat, nicht aber ein Mitarbeiter des Films, Siehe oben Anm. 106.

gen des bereits fertigen Filmwerkes zu schützen, wenn durch solche Abänderungen ihre Ehre oder ihr Ruf beeinträchtigt werden, und dies unabhängig von der Frage, ob das Recht der Bearbeitung oder Abänderung den Mitarbeitern verblieben (wie im italienischen Gesetz) oder dem Hersteller zusammen mit den anderen Verwertungsrechten zugefallen ist. Dieser Schutz ist ebenso gegeben, wenn schädigende Abänderungen auf Dritte zurückzuführen sind; in einem solchen Falle sollte regelmäßig eine Interessengemeinschaft zwischen den Miturhebern und dem Hersteller gebildet werden. Sind aber die Abänderungen des ursprünglichen Films vom Hersteller durch dessen einseitige Initiative selbst verschuldet worden, so ist kein triftiger Grund einzusehen, warum dem Hersteller ein Sonderrecht auf Immunität eingeräumt werden sollte [113]).

17. Monistische Lösungen. — Es scheint, daß die monistischen Lösungen wegen der von ihnen gebotenen Vorteile der Vereinfachung heute bevorzugt werden. Sie haben ihren Niederschlag im englischen Copyright Act, 1956 und im deutschen Referenten-Entwurf von 1954 gefunden.

Gegen solche Lösungen soll nicht gesagt sein, daß sie die effektive Tatsache der Mitarbeit für die Entstehung des Filmwerks verkennen. Sogar der Reformbericht des englischen Copyright-Komitees verfehlte nicht, nachdem er die verschiedenen Mitarbeiter am Film aufgezählt hatte, auch den Beitrag anderer anzuerkennen („contributors to the creation of the film"), wie „the author of the story on which the film is based, the writer of the script and the composer of any incidental music". Er räumte ein, daß nach der einen Ansicht das Filmwerk als ein „collective work", nach der anderen als „a work of joint authorship" betrachtet werden könnte. Wenn der Bericht die eine oder die andere Lösung versagte, ist das geschehen, weil die englische Gesetzesreform den Begriff des Kollektivwerks nicht mit zu übernehmen beabsichtigte; anderseits erschien es ihr wegen der großen Anzahl von Miturhebern am Film nicht praktisch, den Film als ein *„work of joint authorship, with all the complexity of claims that would result"* zu behandeln [114]). Nach solchen Feststel-

---

[113]) So hat der App. Ger. von Paris, 14. Juni 1950, „Il diritto di autore" (Roma), 1951, 409, als rechtswidrig gegenüber dem Regisseur, dem Drehbuch- und dem Dialogverfasser die vom Hersteller am bereits geschnittenen und öffentlich vorgeführten Film einseitig vorgenommenen Abänderungen beurteilt. Anders, wenn der Regisseur oder ein sonstiger Mitarbeiter den Film verlassen, bevor ihre Beiträge beendet worden sind: in einem solchen Falle hat der Hersteller das Recht, sie von Dritten vervollständigen zu lassen: App. Paris, 18. April 1956, UFITA 25, 106 ff. und „Revue internat. du droit d'auteur", 1956, XIII., 161; Ziv. Ger. der Seine, 5. Mai 1954, „Revue trimestrielle de droit commercial", 1954, 826 mit Bemerkungen von Desbois.

[114]) Report, Nr. 94, 97, 99.

lungen und wegen der Unmöglichkeit, in einem einzigen der Mitarbeiter den Urheber des Films zu identifizieren [115]), gelangte der Copyright Act, 1956 zu der Lösung der Herstellers als des einzigen Trägers der Urheberrechte am Film: *„The maker of a cinematograph film shall be entitled to any copyright subsisting in the film“* (Ziff. 13 Abs. 4). Dabei wird es vermieden, vom Hersteller als dem Urheber des Filmwerkes zu sprechen. Wohl aber besagt Ziff. 35 Abs. 5 des Gesetzes: „author in relation to a sound according or a cinematograph film means the maker of the recording or film“.

Übrigens wird die Verlegenheit, in der sich der englische Gesetzgeber befunden hat, um die Lösung in Einklang mit den Gesetzen und deren Prinzipien zu bringen, aus der sonst unverständlichen *Deklassierung* des Films ersichtlich, besonders, wenn man die Überlegungen des vorausgegangenen Berichtes berücksichtigt. Tatsächlich ist der Film, worauf schon oben hingewiesen wurde (s. oben 4 und Anm. 27), nicht mit unter die Geisteswerke aufgenommen worden, sondern rangiert in der Kategorie der Registration und ist daher nur Gegenstand eines *„ancillary right“*. Es ist anzunehmen, daß der englische Gesetzgeber, weil ihm die subjektive Fiktion eines Hersteller-Urhebers wohl übersteigert erschien, es vorgezogen hat, sie durch die objektive Fiktion vom Filmwerk als einem bloßen Mittel der Wiedergabe anderer Werke zu ersetzen.

Anderseits führt der deutsche Referenten-Entwurf von 1954, um die dort gewählte Lösung vom Hersteller-Urheberrecht am Film zu rechtfertigen, dem englischen Bericht nicht unähnliche Argumente an: die Schwierigkeit, die wahren Schöpfer des *Filmwerks* zu identifizieren; die übergroße Anzahl von Miturhebern, die sich ergeben könnte; die Bedeutung, die für die Herstellung des Films der Initiative und der Organisation des Herstellers zukommt u. a. m., obwohl nicht unterlassen wird, die Aufgabe des *Regisseurs* derart hervorzuheben, daß für den Film die Anerkennung des Charakters einer geistigen Schöpfung und für den Regisseur die Anerkennung des schöpferischen Gehaltes seiner Tätigkeit nicht deutlicher ausgedrückt werden könnte [116]).

---

[115]) Report, Nr. 102 bis 103. Die Auffassung vom zusammengesetzen Werk und die Anwendung auf das Filmwerk (s. oben Abschnitt II des Textes) werden vom *Report* und vom *Copyright Act, 1956* eindeutig abgelehnt: an den literarischen und musikalischen Beiträgen gibt es eigene und getrennte Urheberrechte nur außerhalb des Films (Nr. 96, 97), daneben „remains the film itself, existing as something complete and independent“ (Nr. 94).

[116]) Selbst Ulmer, GRUR 1955, 525, räumt bei der Formulierung seiner Gesetzesvorschläge, mit denen er die des Referenten-Entwurfes ersetzen will, ein, daß der Regisseur neben dem Verfasser des Drehbuchs Miturheber des „Gestaltungsplans“ und damit des Filmwerks sein könne. Noch fehlt es an

Der deutsche Referenten-Entwurf beabsichtigt jedoch — im Unterschied zum englischen Gesetz — formell beide Stellungen festzuhalten: für das *Filmwerk* den Charakter eines echten und selbständigen Geisteswerks und für den Hersteller den Charakter eines Urhebers dieses Werkes, das letztere aus einem Grund, um den sich der englische Gesetzgeber nicht besonders zu sorgen hatte. Im englischen System hat nämlich der Träger des Urheberrechts, auch wenn er nicht selbst der Urheber ist, den ganzen dem Film durch Sondervorschriften gewährten Schutz, und dies stellt auch keine Abweichung von den urheberrechtlichen Prinzipien dar, weil in jenem System das „copyright" nur das Vermögensrecht umschließt, das — wie im allgemeinen auch in anderen Systemen — nicht unlöslich an die Person des Urhebers gebunden ist, während das droit moral nicht dem spezifischen Gebiete des Urheberrechts zugehört, sondern dem allgemeinen Bereiche der Persönlichkeit, die nach den Normen des *common law* und der *statutory provisions* [117]) geschützt ist.

In den Systemen des Kontinents hingegen gehört das droit moral dem Urheberrecht zu, woraus folgt, daß, wenn man hier dem gesetzlichen Aufbau treu bleiben will, kein anderer als der Urheber selbst der ursprüngliche Träger des Urheberrechts sein kann. Man kann daher nicht gleichzeitig dreierlei erreichen: den Prinzipien des Systems, wenigstens formell, treu bleiben; das Filmwerk nicht zu einem bloßen Reproduktionsmittel deklassieren; dennoch das volle Urheberrecht nicht dem, der der Urheber ist, sondern dem Hersteller als solchem zuschreiben. Tut man das doch, so bekennt man sich zur Form einer subjektiven Fiktion, die darin zu erblicken ist, daß dem Hersteller die Qualifikation eines Urhebers zuerkannt wird.

Der deutsche Referenten-Entwurf (§ 93) vermeidet es zwar, das Filmwerk zu einem bloßen Reproduktionsmittel zu deklassieren. Er arbeitet aber mit der subjektiven Fiktion. Daß es sich um eine Fiktion handelt, kann nicht zweifelhaft sein, denn, soviel guten Willens man auch aufbringen mag, es gelingt nicht zu beweisen, daß der Hersteller als solcher tatsächlich ein „Urheber" [118]) ist. Die Begrün-

---

dem Entschluß, den Regisseur als einzigen Urheber des Films zu betrachten, wie im früheren *tschechoslowakischen* Gesetz von 1926 (jetzt reformiert); weitere Angaben: Giannini, Il diritto d'autore, 1942, cap. IX. Dagegen s. Musatti, Regista e autore, in „Rivista di diritto commerciale", 1934, I, 753.

[117]) Report, Nr. 219 f.

[118]) Bekanntlich fehlt es nicht an Anhängern dieser These. Im Rapport de la Fédération internat. des associations de producteur de films, S. 47 ist darüber zu lesen: „L'auteur de l'œuvre cinématographique en tant qu'œuvre originale est donc le producteur". Manchmal wird zur Begründung auf die Anregung oder auch auf die Auswahl des Gegenstands seitens des Herstellers verwiesen. Aber dabei wird nicht berücksichtigt, daß Initiative, Auswahl, Ratschläge usw. nach herrschender Meinung allein nicht genügen, um eine

dung des Entwurfs [119]) gibt dies übrigens selbst zu. Daß Fiktionslösungen in den modernen Systemen des materiellen Rechts als eine notwendige und nützliche Methode zu betrachten seien, ist ebenfalls zu bezweifeln. Auf Fiktionslösungen sollte verzichtet werden, weil sie nicht dazu dienen, die Tatsachen zu verändern, und auch nicht, eine Wirklichkeit des Rechts zu schaffen, die der Fiktion entspricht.

Im vorliegenden Falle — wie *mutatis mutandis* in allen anderen — ist der § 93 des Referenten-Entwurfs nicht eine Norm, die den Hersteller zum Urheber werden läßt, sondern eine Norm, die ein Rechtssubjekt, obgleich es nicht der Urheber ist, aus Gründen, die es ratsam erscheinen lassen und wohl auch eine Abweichung von den Prinzipien des Urheberrechts rechtfertigen mögen, als Träger dieses Rechts behandeln will [120]).

„schöpferische" Tätigkeit zu entwickeln. Falls der Hersteller in Person auch am Drehbuch, an der Regie usw. beteiligt ist, bedeutet dies nur, daß er dann statt eines Herstellers den Titel eines Miturhebers annimmt. Wenn das Oberlandesgericht Frankfurt a. M. 4. Oktober 1951, UFITA Bd. 22 (1956) S. 11 ff. und GRUR, 1952, 434 daran erinnert, daß nach herrschender Meinung der Hersteller als Urheber des Filmwerks zu betrachten sei, da „die geistig schöpferischen Kräfte für ihn und in seinem Auftrag tätig werden, und er die Zusammenarbeit der verschiedenen Beteiligten herbeiführt und ermöglicht, deren Ergebnis der fertige Film ist", so sind das nur Gründe für den Erwerb der Verwertungsrechte, jedoch nicht zur Rechtfertigung der Urhebereigenschaft des Herstellers. Übrigens verfehlt dasselbe Urteil nicht, hinzuzufügen, daß die Einzelurheberrechte auf den Hersteller „übertragen" werden müßten, sei es auch nur stillschweigend, „durch Gestattung der Verarbeitung" sowie „eigene Mitarbeit seitens des Erstberechtigten".

[119]) Begründung, S. 221.

[120]) Selbst in der *deutschen* Lehre ist die Berechtigung zu Fiktionslösungen sehr umstritten. Roeber, UFITA Bd. 18 (1954) S. 301 sieht, wenn man dem Filmhersteller die echte Urhebereigenschaft abspräche, nur noch die Wahl zwischen einer Fiktion zugunsten eines der insgesamt beteiligten Filmschaffenden und einer Fiktion zugunsten des Filmherstellers. Dagegen läßt sich einwenden, daß die erstere Fiktion vor allem dann nicht notwendig ist, wenn das Gemeinschaftsverhältnis zwischen Miturhebern entsprechend diszipliniert und die Miturhebereigenschaft bloß jenen zuerkannt wird, die eine wirklich schöpferische Tätigkeit entfalten. Auch ist die erste Fiktion entschieden mehr als die zweite in der Wirklichkeit der Filmschöpfung verwurzelt. Nach Roeber rechtfertigt sich das originäre Urheberrecht des Filmherstellers auch dadurch, daß keiner der Filmschaffenden das Urheberrecht am filmischen Gesamtwerk für sich in Anspruch nehmen kann, jeder von ihnen nur Einzelleistungen erbringe und sich die Einzelleistungen auch der Kategorie und dem Grade nach unterscheiden (siehe Roeber, Die Urheberschaft am Film. 1956. S. 14 f.). Dem aber steht die Argumentation vom Aufbau des zusammengesetzten Werkes entgegen, worüber oben in Abschnitt II des Textes das Nähere ausgeführt worden ist. Zugunsten der Fiktion u. a. auch Burkhardt, aaO. S. 164; Pfennig aaO. S. 180. Anders: Ulmer, GRUR 1955, 521 f., de Boor, Die Grundprobleme der Urheberrechtsform, aaO. S. 273 f. und schon frühere Verfasser wie Runge, aaO. S. 264. In den lateinischen Ländern ist die Lehre vorwiegend gegen die Fiktion des Hersteller-Urhebers. Tournier, aaO. S. 7 betrachtet sie als eine Lösung, die die rechtliche Logik beleidigt und „rappelle la solution du noeud gordien. Elle ne trouve sa justification que dans l'impératif économique des producteurs". Ebenso: Schulze, aaO. S. 260; Pasquera „Il diritto di Autore" 1951, 1 Giannini, in „Riv. trimestrale di diritto e procedura civile", 1953, 156.

18. D i e F i k t i o n s v o r s t e l l u n g i m d e u t s c h e n G e s e t z e s p r o j e k t. — Selbst wenn später in der Praxis die Ergebnisse, die man durch die Fiktion gesetzgeberisch erreichen wollte, tatsächlich auch erzielt worden sind oder dies zumindest doch in einem Maße der Fall gewesen ist, daß es der Mühe wert war, sich darauf berufen zu haben, verbliebe doch immer noch eine Frage, die ernsthafte Zweifel und Vorbehalte auszulösen vermag.

Die formale Zuweisung des Urheberrechts an ein Rechtssubjekt, das nicht der Urheber des Werkes ist, hat den Referenten-Entwurf dazu veranlaßt, in § 95 die Rechte des Herstellers einzuschränken. Dadurch aber wird das Urheberrecht am Filmwerk in wesentlichen Punkten seines Inhalts entkleidet [121]). Nicht nur das, es taucht für die wirklichen Urheber auch das droit moral als ein echtes Problem auf, das durch die Fiktion nur verhüllt wurde. Das aber umschließt nicht geringere Gefahren einer Störung in der rechtlichen Sicherheit des Filmwerkes als bei einer pluralistischen Lösung. Gerade die rechtliche Sicherheit aber sollte doch durch die Fiktionslösung erreicht werden.

Der Referenten-Entwurf unterscheidet drei Personengruppen für die Beziehungen zum Filmhersteller. Beteiligt sind zunächst die Urheber der filmisch benutzten Werke; jeder von ihnen genießt individuell und unabhängig vom anderen den Schutz seines Werkes (§ 93 Abs. 2). Beteiligt ist sodann der Regisseur; er hat den Schutz an seiner eigenen Leistung (§ 96). Beteiligt sind schließlich die ausübenden Künstler. Zwar wird vom Referenten-Entwurf am beendeten Filmwerk ein einheitlicher Schutz anerkannt, aber dieser Schutz steht unter der Bedingung einer gegenseitigen Anpassung der Interessen der gemeinsam mit dem Hersteller beteiligten Personengruppen (§ 97). Bei näherer Prüfung ergibt sich für diese Beziehungen folgendes:

a) Die erste Gruppe von Personen liefert die Beiträge literarischer oder musikalischer Art, gegebenenfalls auch aus dem Bereiche der bildenden Kunst. Solche Beiträge betrachtet der Referenten-Entwurf sämtlich, das Drehbuch einbeschlossen, als *selbständige* Werke,

---

[121]) Vgl. diesbezüglich den Gedanken von d e B o o r , aaO. S. 275; d e B o o r führt an, daß der Referenten-Entwurf für das Filmwerk eine Reihe von Bestimmungen ausschließe, die gerade für das Urheberrecht charakteristisch seien. „Was bleibt, kann nicht mehr als Urheberrecht angesprochen werden." Unter den Inkongruenzen, zu denen die Fiktion führt, ist die von U l m e r GRUR 1955, 524 aufgezeigte von besonderer Bedeutung: wenn die Urheber der sog. vorbestehenden Werke nur für eine bestimmte Anzahl von Jahren das Recht zur Verfilmung vergeben haben, wer wird dann bei Ablauf dieser Übertragungsdauer berechtigt sein, sich der Wiederverfilmung oder einem Plagiat zu widersetzen?

fern von der wirklichen und eigentlichen Mitarbeit der Herstellung des Films, die nur während der *Dreharbeiten* entfaltet werde. Zugunsten dieser Urheber besteht vor allem (§ 92) das Recht, die Verfilmung zu gestatten, wobei im Prinzip alle zur filmischen Auswertung des Filmwerkes erforderlichen Rechte, *ope legis*, auf den Hersteller mit übergehen (§ 92 Abs. 2)[122]. Aber es bleiben die Befugnisse der Urheber aus dem droit moral am filmisch benutzten Werke unberührt, wie dies aus dem allgemeinen Hinweis in § 93 Abs. 2 hervorgeht, der keine Ausnahme macht. Daraus ist zu schließen, daß die Urheber filmisch benutzter Werke außerhalb des § 97 das vom § 19 anerkannte Recht behalten und es individuell auf unabhängige Weise ausüben können: das Recht, zu verbieten, daß das eigene Werk bei der Benutzung für den Film entstellt oder sonstwie so beeinträchtigt wird, daß dadurch das Ansehen oder der Ruf des Urhebers verletzt werden könnte. Da im Referenten-Entwurf eine dem Art. 22 Abs. 2 des italienischen Gesetzes ähnliche Bestimmung fehlt (siehe darüber oben), ist es leicht, sich der schädlichen Folgen

---

122) Nach § 92 Abs. 2 des Referenten-Entwurfs und der beigegebenen Begründung auf S. 215 bis 216 umfaßt die Vergebung des Verfilmungsrechts außer der Erlaubnis, ein Filmwerk unter Bearbeitung des Werkes herzustellen zwingend auch die Erlaubnis, das Filmwerk zu vervielfältigen, also Kopien zu ziehen, es zu verbreiten, also den Film zu vertreiben, und es öffentlich vorzuführen, das Letztere aber mit dem Vorbehalt, daß in den Filmtheatern für die Tonfilmmusik gesondert kassiert werden darf. Gegen die zwingende Ausdehnung im Rechtsübergang sind zum Teil von der Rechtslehre, sodann von den Vereinigungen der Urheber Einwände erhoben worden. Vielleicht mag sie in dem vorliegenden Wortlaut mit dem Gegensatz zur Vertragsfreiheit zu streng erscheinen. Aber sie entbehrt nicht der Berechtigung, denn sie entspricht der Logik und dem Vertragszweck. Die Norm könnte sich vielleicht in den Grenzen einer gesetzlichen Vermutung halten. Aber sie mußte vermeiden, daß der Hersteller solche Auswertungsrechte nicht mehr miterwerben kann, weil sie der Urheber zuvor schon anderweitig vergeben hat, so durch Abtretung auch für künftige Werke an Verwertungsgesellschaften der Urheber. Noch geht der Streit um die rechtliche Behandlung der Tonfilmmusik. Es fehlt auch nicht an Bemühungen, die Musik aus der Übertragung des Rechts, das Filmwerk öffentlich vorzuführen, grundsätzlich ganz herauszuhalten, den Anspruch des Komponisten also aus dem Vorführungsrecht zu gewähren (so z. B. Ulmer in GRUR 1955, 525). Aber beim Tonfilm ist keine bevorzugte Behandlung der Musik im Vergleich zu den literarischen Beiträgen gerechtfertigt: es reicht schon aus und erklärt sich auch nur als ein Überbleibsel aus der Zeit des stummen Films, daß dem Komponisten ein zusätzlicher Vergütungsanspruch im Verhältnis zu den Filmtheatern vorbehalten bleibt. Vgl. de Sanctis, Il nuovo diritto aaO. Nr. 19; Burkhardt, aaO. S. 166 bis 167; Roeber in UFITA Bd. 18 (1954) S. 287, 296 ff. wirft die Frage auf, ab der Anspruch des Komponisten nur als Vergütungs- oder auch als Unterlassungsanspruch gesetzgeberisch auszugestalten sei. Er sieht in der vom Referenten-Entwurf gewählten Konstruktion mit der Beschränkung auf einen bloßen Vergütungsanspruch eine Lösung, durch die rechtlichen Gefahren für das Filmwerk vermieden werden können. Siehe auch Ehlers in GRUR 1952, 382.

bewußt zu werden, die bei Ausübung des Verbotsanspruches für den Filmhersteller eintreten, wenn der Film bereits beendet ist und sich in der Auswertung befindet [123]).

b) Dem *Regisseur* erkennt der Referenten-Entwurf in § 96, wenn auch ohne Übertragbarkeit auf die Erben, ein droit moral an seiner „Leistung" zu, mit der Wirkung, daß auch der Regisseur einen eigenen Verbotsanspruch außerhalb des § 97 hat. Aber der „Leistung" des Regisseurs fehlt eine begrenzte, spezifische Lokalisation. Die Regieleistung durchdringt vielmehr den ganzen Film und beherrscht auch das Ganze [124]). Folglich wird die Verletzung des droit moral des Regisseurs in den meisten Fällen das ganze Gefüge des Films ergreifen und den Film zerschlagen oder doch eine mehr oder weniger starke Neugestaltung des Films erforderlich machen, ohne daß die Fiktion vom Hersteller-Urheber alles dies vermeiden könnte. Dabei ist zu bedenken, daß die Auswirkungen nicht nur den Film im Vorgange seiner Herstellung, sondern auch den fertiggestellten Film in den Vorgängen seiner Auswertung erfassen. Außerdem verbleibt im Bereiche des Referenten-Entwurfs die Frage des Verhältnisses der § 96 und 97 zueinander: ob sich der Regisseur der ersteren Norm bedienen kann, die ihn im Verhältnis zu den anderen Beteiligten von jeder gegenseitigen Abhängigkeit frei macht, oder ob er der letzteren Norm untersteht, die ihn in Abhängigkeit von den anderen Beteiligten bringt.

c) Der Referenten-Entwurf regelt in § 97 den Schutz des Filmwerkes gegen Entstellung, mithin Ansprüche aus dem droit moral an einem einheitlichen Gesamtwerk, das erst nach seiner Fertigstellung abgeändert worden ist, gleichviel, ob es sich noch vor oder schon in der Auswertung befindet. Die Verfasser des Entwurfs verweisen darauf, daß gerade das Filmwerk mehr als jedes andere Werk nachträglichen Änderungen unterworfen sei [125]).

---

[123]) Den Urhebern filmisch benutzter Werke verbleibt — im Gegensatz zu den Rechten des Filmherstellers (§ 95) — das unverzichtbare Rückrufsrecht wegen gewandelter Überzeugung (§ 34). Nur der Verzicht auf das Rückrufsrecht wegen Nichtausübung soll bei ihnen gestattet sein (§ 92 Abs. 4, 33). Gegen den Ausschluß eines Verzichtes auf das Rückrufsrecht wegen gewandelter Überzeugung s. Burkhardt aaO. S. 169 bis 170.

[124]) S. oben Anm. 4 und besonders die Anm. 22, 23, 30, 31, ferner Werhahn aaO. S. 192: „Der Filmregisseur ist der Meister des Werkes, das seinen Namen als die künstlerische Marke für Stil und Qualität des Filmwerks trägt."

[125]) Insbesondere, so heißt es, „auf Grund der freiwilligen Selbstkontrolle oder zur Anpassung des Filmwerks an ausländische Verhältnisse", Begründung, S. 224.

Berechtigt nach § 97 sind außer dem Hersteller diejenigen, die bereits durch andere Normen Träger eines droit moral sind: die Urheber vorbestehender Werke (§ 19), der Regisseur (§ 96), die ausübenden Künstler (§ 80). Folglich bleiben die anderen „Filmschaffenden" ohne einen solchen Schutz, so u. a. die Darsteller, der Cutter, der Kameramann, der Architekt und der Bühnenbildner.

Der Referenten-Entwurf hat selbst auf die Schwierigkeiten und die Unmöglichkeit hingewiesen, zwischen den verschiedenen Gruppen von Mitwirkenden, darunter dem Regisseur und den einzelnen Darstellern einen Unterschied und eine Auswahl hinsichtlich der Anerkennung eines schöpferischen Charakters der Leistungen zuzulassen [126]). Demnach hat sich der Referenten-Entwurf entschlossen, zum Zwecke des im § 97 gewährten Schutzes eine solche Unterscheidung zu machen und solche Auswahl zu treffen. Er folgt darin sogar den Überlegungen jener pluralistischen Richtungen, indem sie für die Miturheberschaft am Film auf eine *„Gemeinschaftsleistung"* zurückgreifen, die durch das *Filmwerk* verwirklicht werde [127]). Die Tatsache der Gemeinschaftsarbeit hat sich dem Referenten-Entwurf gerade im Gebiete des droit moral aufgedrängt. Die Fiktion zur Konzentrierung auch dieses Rechtes in den Händen des Herstellers hat es nicht vermocht, diese Tatsache und die von ihr mitausgelösten Komplikationen zu beseitigen.

Sicherlich ist der Referenten-Entwurf bemüht, die Komplikationen zu verringern und die Gegensätze, die sich aus Veränderungen an den Filmwerken ergeben können, soweit wie möglich beizulegen. Den Anforderungen des Herstellers, dem die Änderungen nützen können, steht auf seiten der anderen Teilnehmer gegenüber der Wunsch, ihre Werke oder Leistungen soweit wie möglich intakt zu lassen [128]). Hier ausgleichend zu wirken, ist der Zweck des § 97, wonach die verschiedenen Schutzberechtigten bei der Ausübung ihrer Rechte aus dem droit moral „aufeinander angemessene Rücksicht zu nehmen haben" [129]).

Das Prinzip ist richtig, auch wenn die vom Referenten-Entwurf gewählte Formel unbestimmter ist, als die vom Verhalten „nach

[126]) Begründung, S. 218, 220.
[127]) Begründung, S. 224.
[128]) Begründung, S. 224.
[129]) „... haben bei der Ausübung der Rechte aus § 19, 80 und 96 aufeinander angemessene Rücksicht zu nehmen."

Treu und Glauben". Man kann auch zugeben, daß der Verzicht auf die Konstruktion einer Miturheberschaft die Lösung der Konflikte erleichtern hilft, da aus der vom Referenten-Entwurf gewählten Konstruktion eines einheitlichen Rechts am filmischen Gesamtwerke gefolgert werden kann, daß das Interesse jedes Beteiligten, sich der Entstellung seines Werkes oder seiner Leistung zu widersetzen, an der Werkeinheit zu messen und nur in diesem Gesamtrahmen zu berücksichtigen ist, wenn die Entstellung insbesondere seinen Beitrag trifft und darin erkennbar und identifizierbar ist, obwohl dies, wie gesagt, beim Beitrag des Regisseurs nur schwer gelingen wird [130]).

Es steht jedoch fest, daß im Streitfalle unter den Berechtigten die Lage wenig von jener abweicht, die sich für das Filmwerk nach den Gesetzen mit einer pluralistischen Urheberschaftsregelung ergibt, und der sich der Referenten-Entwurf in § 97 nähert, so daß die erstrebte Erleichterung durch die Konzentrierung der Urheber- und Leistungsschutzrechte in der Hand des Herstellers für die Filmverwertung nur bedingt erreicht wird. Im Streitfall wird es für den Richter weder leicht noch schnell feststellbar sein, ob das Fehlen der schuldigen Rücksicht auf der Seite desjenigen ist, der zur Verteidigung seiner Ehre oder seines Rufes sich den entstellenden Abänderungen widersetzt, oder aber auf der Seite desjenigen, der sich einem solchen Anspruch widersetzt.

19. Die Urhebereigenschaft und die Berner Übereinkunft. — Es erscheint angebracht, abschließend noch die in geltenden Gesetzen bereits getroffenen filmurheberschaftlichen Lösungen auf ihre Vereinbarkeit mit der Berner Übereinkunft zu überprüfen.

Bekanntlich hat die Berner Übereinkunft nicht abstrakt spezifiziert, welchen Personen vermöge ihrer schöpferischen Tätigkeit die Qualifikation von Filmurhebern zukommt. Dies zu tun, blieb stillschweigend der nationalen Gesetzgebung vorbehalten [131]). Die

---

130) Der Referenten-Entwurf räumt in § 97 dem Hersteller und dem Regisseur insoweit eine andere Stellung als den Urhebern der filmisch benutzten Werke ein, als sich Hersteller und Regisseur „gegen eine Beeinträchtigung des Filmwerkes als Ganzes wenden können" (Begründung, S. 223), während die Urheber der zur Herstellung des Filmwerkes benutzten Werke eine Beeinträchtigung verbieten können, „soweit ihre Werke, sei es bearbeitet oder unbearbeitet, in den Film übernommen worden sind" (aaO. S. 224).

131) Vgl. Willy Hoffmann, Die Berner Übereinkunft, schon für den Begriff des Urhebers im allgemeinen S. 47, und in bezug auf Filmwerke, S. 221; de Sanctis, La convenzione internaz. di Berna, 1949, S. 123.

Grenzen ergeben sich aus der Berner Übereinkunft als dem Zweck des Schutzes; sie liegt, wie man sagen kann, in *re ipsa*. Zu schützen sind die Urheber, nicht dagegen die Nicht-Urheber und noch weniger diese zum Schaden jener. Es wäre allzu einfach, zu verlangen, daß die Berner Übereinkunft beachtet werde, und man dann den Ausweg wählt, jemanden als Urheber zu qualifizieren und zu schützen, der es nicht ist, um so dem, der es ist, den Schutz zu entziehen. In Sonderfällen mag es vertretbar sein, daß gewisse Betätigungsformen als unschöpferisch, wenn dies auch nicht im absoluten Sinne, ausgeschlossen werden, weil sie vernünftigerweise als sekundär oder unterstützend gegenüber anderen Betätigungsformen, die für das Werkschaffen bestimmend sind, angesehen werden. Gerade dieser Fall kehrt in dem verwickelten Vorgang der Entstehung eines Filmwerkes wieder. Aber wenn die Zweifel am schöpferischen Gehalt der Tätigkeit begründet sind, und es offenbar ist, daß die Qualifikation zum Urheber auf einer *Fiktion* beruht, und diese den Urheber des Schutzes zugunsten eines Nicht-Urhebers beraubt, wäre die Übereinkunft von Bern als nicht angewandt zu betrachten.

Von der Frage der formalen Anerkennung — oder besser der Verkennung — der Urhebereigenschaft ist die Frage nach dem Schutzumfang zu unterscheiden. Eine maßgebliche und weitverbreitete Ansicht meint nicht zu Unrecht, daß es für die Beachtung der Berner Übereinkunft genüge, wenn der von ihm zwingend festgelegte Mindestschutz anerkannt werde, und daß es nicht auf die formelle Qualifikation des Schutzes ankomme, und zwar weder auf die subjektive des Urhebers noch auf die objektive eines Geisteswerkes [132]). Mit diesem Argument wird es vertretbar, wenn, wie schon ausgeführt wurde (oben Ziff. 3 und Anm. 14), die nationale Gesetzgebung die Photographie nicht als Geisteswerk behandelt und daher auch dem Photographen kein eigentliches Urheberrecht, wohl aber den konventionsrechtlichen Mindestschutz zuerkennt. Das gleiche Argument könnte von den Verteidigern der filmrechtlichen Fiktionslösung des deutschen Referenten-Entwurfes angeführt werden, und es wird auch angeführt: Wenn die Urhebereigenschaft einem Nicht-Urheber, wie dem Hersteller, beigemessen werde, bedeute dies keine Reduzierung des Schutzes unter das zwingende Mindestmaß. Dieser Ge-

---

[132]) De Sanctis, La convenzione internaz. S. 122.

sichtspunkt mag im allgemeinen berechtigt sein, weil, wie in Nr. 18 der vorliegenden Betrachtungen dargestellt worden ist, die Fiktion vom Hersteller-Urheber nicht so weit getrieben worden ist, daß durch sie die wirklichen Urheber, als welche nach *communis opinio* zumindest Drehbuchverfasser und Regisseur zu gelten haben, des Mindestschutzes beraubt worden wären [133]).

---

133) Zur Übereinstimmung des *deutschen* Referenten-Entwurfs mit der Berner Übereinkunft und dem internationalen Recht im allgemeinen, s. Roeber. Die Urheberschaft am Film, S. 36 f., jedoch läßt sich zur Unterstützung der Lösung vom Hersteller-Urheber nicht damit argumentieren, daß sogar sozialistische Länder eine solche Lösung übernommen haben. Es ist bekannt, daß solche Länder, entsprechend ihrer Tendenz, den Privatunternehmer durch den Staat und den Privatkapitalismus durch den Staatskapitalismus zu ersetzen, die stärksten Vertreter der Ansprüche und der Sonderrechte des Unternehmens und des Kapitals zum Schaden der Rechte, der Interessen und der Freiheit des Einzelnen geworden sind.

FSC
www.fsc.org
MIX
Papier | Fördert
gute Waldnutzung
FSC® C083411

Kolibri 360 GmbH
Ferdinand-Jühlke-Straße 7
99095 Erfurt, Deutschland
produktsicherheit@kolibri360.de